Tina Teubner

Männer brauc

W0196744

TINA TEUBNER

MÄNNER BRAUCHEN GRENZEN

EIN ERZIEHUNGSRATGEBER

LAPPAN

EIN GEWALTIGER DANK
GEHT AN
BEN SÜVERKRÜP,
den humorvollen Erstleser,
den klugen Ideengeber,
die maßlose Pointenschleuder
— und das alles, obwohl er von
einem richtigen Mann so gut wie
gar nicht zu unterscheiden ist.

INHALT

ZUM GELEIT

Dies ist kein männerfeindliches Buch. Ich selbst bin seit vielen Jahren verheiratet und habe nur wenige Jahre davon bereut. Ich kann getrost und inbrünstig von mir sagen: Ich liebe meinen Mann. Ich liebe ihn wirklich. Sehr sogar. Ich habe es nur nicht immer auf dem Schirm.

Warum also dieses Buch?

Erstens hielt ich es für dringend geboten, die Ratgeberkultur mit dieser Arbeit um ein weiteres Werk zu bereichern. Ich war Ratgebern immer ausnehmend dankbar. Offen gestanden weiß ich gar nicht, was ich ohne sie gemacht hätte. Als meine Töchter klein waren beispielsweise und sich in der Trotzphase den Kopf auf dem Boden blutig geschlagen haben. In derart existenziellen Situationen war ich glücklich und dankbar, erst einmal in aller Ruhe nachschlagen zu können, was jetzt zu tun ist. Oft war ich so ratlos, dass ich gar mehrere Bücher konsultieren und mehrere Meinungen einholen musste. Und bis ich das Bücherregal durchgearbeitet hatte, war meistens alles wieder getrocknet. Reihen Sie mein Buch bitte in die Wichtigkeit dieser anderen Werke ein. Es hat es nicht anders verdient.

Zweitens neigte ich wie die meisten alleinerziehenden Ehefrauen lange dazu, meine gesamte Lebensenergie damit zu vergeuden, den Mann verändern zu wollen. Mit recht mäßigem Erfolg. Denn aus mir unerfindlichen Gründen wollte der Mann das nicht so gerne. Er wollte so bleiben, wie er war.

Seltsam. Dabei hatte ich so gute Ansätze! Er aber bockte, sagte nix, verweigerte das Gespräch.

Viele Jahre war mein Mann für mich ein Buch mit sieben Siegeln: Welches Geheimnis konnte sich hinter dieser Sprachlosigkeit verbergen? Was ging vor in diesem Menschen? Was dachte, fühlte, träumte er? Mit klopfendem Herzen gestehe ich, dass ich sogar einmal heimlich einen Blick in sein Tagebuch geworfen habe. Nicht aus Kontrolle. Gott bewahre! Aus Nächstenliebe. Ich wollte die ins Stocken geratene Kommunikation wenigstens minimal ankurbeln – und natürlich erfahren, wie meine Aktien stehen: Liebte er mich noch? Was beschäftigte ihn?

Das erschütternde Resultat: Ich kam gar nicht vor.

Stattdessen las ich nachdenkliche, ambivalente und von tiefer persönlicher Anteilnahme geprägte Reflexionen wie: „Nach langem Hin und Her hat Horst sich für den Opel entschieden."

Ein altes chinesisches Sprichwort sagt: „Stille Wasser gründen tief, aber auch verschlossene Schränke sind gern leer." Inzwischen habe ich begriffen, dass das Lesen der männlichen Tagebücher uns Frauen nicht wirklich weiterbringt. Wesentlich sinnvoller wäre es, den Männern mal was Kluges reinzuschreiben.

So.

Die wesentlichen Fakten hätten wir. An dieser Stelle könnten wir uns eigentlich trennen.

Wäre aber schade. Sie würden die fabelhaften Erkenntnisse einer fabelhaften Person versäumen, die auf dem Gebiet der Männerpädagogik als Kernkompetenz zu bezeichnen ist.

Abgesehen davon lesen Sie ja auch die Erziehungsratgeber für Ihre Kinder, obwohl Sie eigentlich wissen, dass Ihre schreienden kleinen Monster dadurch keine großherzigen, beziehungsfähigen, glücklichen, erfüllten Millionäre werden. Oder doch? Einen Versuch ist es wert. Wir werden direkt zur Sache kommen.

Halt!

Eines muss ich im Vorfeld noch loswerden: Wenn in diesem Buch von Männern und Frauen die Rede ist, ist das nie biologisch gemeint. Verstehen Sie es bitte immer als Metaphern für zwei grundverschiedene Seelenlagen. Ich könnte korrekterweise nach jedem Satz darauf hinweisen, dass wir ja alle beides in uns tragen, und immer vom „gefühlten Mann" und der „gefühlten Frau" schreiben. Aber das wäre ja völlig albern und aufgesetzt. Deshalb habe ich der Einfachheit halber, und um ein bisschen Struktur in diese wirklich sehr komplexe Angelegenheit zu bringen, in diesem Buch alle guten Eigenschaften den Frauen zugeordnet und alle schlechten den anderen. Die Wirklichkeit ist natürlich viel komplexer und vielschichtiger. Das weiß ich selbst. Aber ich musste mich dieser Vereinfachung bedienen, denn erstens soll das Buch ja lustig werden, und zweitens sollen die Männer ja auch was verstehen.

Und nun versuchen Sie beim Lesen bitte so intelligent wie möglich auszusehen. Auch wenn es Ihnen schwerfällt. Es geht ja schließlich um etwas.

Es geht um das tiefe Verständnis der menschlichen Seele!

DER ÜBERFORDERTE MANN

oder

WARUM GRENZEN SO WICHTIG SIND

Zwischen seinen Wünschen und seinen Pflichten hin- und hergerissen fristet der heutige Mann ein erbärmliches Dasein: Er soll stark sein und erfolgreich, gebildet und sensibel, geheimnisvoll, offen, großzügig, reich, zufrieden und glücksfähig. Ja, mehr noch: Er soll seine Beziehungsfähigkeit unter Beweis stellen, indem er auch uns Frauen reich, zufrieden und glücklich macht. Wäre der Mann eine Frau, würde ihm das nicht schwerfallen, leider ist er es jedoch nicht. Deshalb reagiert der Mann mit typischen Überforderungssymptomen: Identitätsverlust, Depression, Bierbauch.

Warum?

Weil wir Frauen grundsätzlich etwas falsch machen: Wir versäumen es regelmäßig, dem Mann jene Grenzen aufzuzeigen, die seine kleine, noch unreife Seele braucht, um Orientierung zu finden.

Der Mann ist von Natur aus schwach, will sich aber stark fühlen. Und das kann er nur, wenn es etwas gibt, woran er sich messen kann. Er braucht eine Grenze und das gute Gefühl, sie verschieben zu können. Ob er sie wirklich verschiebt, spielt dabei keine Rolle. Die Illusion reicht.

Wie setzt man Grenzen? Solange Sie versuchen, den Mann mit Argumenten zu überzeugen, dass er dieses tun und jenes lassen soll, erreichen Sie das Gegenteil von dem, was Sie eigentlich wollen. Anstatt sich auf Ihre Argumente einzulassen, wird er dichtmachen. Diskutieren ist immer der falsche Weg. Hier ist Handeln das Mittel der Wahl. Ziehen Sie Ihre Pläne durch. Letztlich ist Ihr Mann viel zu konfliktunfähig um zu widersprechen. Und solange Sie ihn in dem Glauben lassen, er sei selber darauf gekommen, wird er bei allem mitmachen und sich darüber hinaus noch gut dabei fühlen.

Bereits nach kurzer Behandlung wird es Ihrem Mann besser gehen. Sie werden ihn als resoluten Charmeur erleben, als handlungsorientierten Fels in der Brandung. Getragen von Ihrer aufopferungsvollen, strengen Liebe wird er wieder erblühen und all das tun, was ihn einzigartig und unsterblich macht: Er wird am Samstag wieder enthusiastisch den Baumarkt leer kaufen und eines Tages wieder mit roten Rosen vor der Türe stehen – kurzum: Er wird womöglich der sein, in den Sie sich einst so leidenschaftlich verliebt haben.

Dass er von nun an gelegentlich den Mund nicht ausschließlich öffnet, um geistige Getränke hinein-, sondern auch, um Widerworte hinauszulassen, müssen Sie in Kauf nehmen. Und letztlich sollte es Sie freuen: Denn wir alle wollen doch einen richtig starken Mann. Oder etwa nicht?

DAS KIND IM MANN

oder

WARUM GÜTE UND STRENGE SO ENG BEIEINANDER LIEGEN

Die Schwäche ist dem Mann von Kindheit an mitgegeben. Wer das Glück hat, Kinder aufwachsen zu sehen, weiß, wovon ich rede: Mädchen robben, Jungen liegen. Mädchen krabbeln, Jungen liegen. Mädchen laufen, Jungen liegen. Mädchen brillieren im Ballettunterricht, während die Eltern von gleichaltrigen Jungen mit Freudentränen in den Augen davon berichten, dass sich der Sprössling nun endlich vom Rücken auf den Bauch dreht. Mädchen verzaubern ihre Eltern mit poetischen Wortneuschöpfungen, während die Lautäußerungen der Jungen denen ihres Vaters nach sechsstündiger harter Thekenarbeit immer ähnlicher werden. Mädchen diskutieren wortgewandt über die Ästhetik der Farbe Rosa, während Jungen sich gegenseitig Schaufeln und Feuerwehrautos über die Köpfe hauen. Man muss kein Wissenschaftler sein, um vorauszusagen, dass sich an diesem prinzipiellen Missverhältnis durch bloßes Altern nichts ändern wird. Warum auch? Wir gehen ja auch nicht einfach davon aus, dass ein 24-jähriger begabter Schreiner von heute auf morgen die Kunst des Geigenspiels beherrscht. Genauso wenig wie die Floristin die Kunst der Gesichtschirurgie. Wir alle lassen uns unser Auto lieber von einem Mechaniker als von einer Friseuse reparieren. Umgekehrt würden wir wohl alle die Friseuse dem Mechaniker vorziehen, wenn es um Strähnchen und Kurzhaarschnitte geht.

Genauso wichtig wie die Grenzsetzung ist also die Fähigkeit, seine eigenen Grenzen auszuhalten. Und so ist es beinahe als Ironie des Schicksals zu bezeichnen, dass der Mann genau an diesem Punkt an seine Grenzen gerät. Und mehr denn je Ihrer Hilfe bedarf!

Vieles spricht für die Annahme, dass der Mann ein Atavismus ist: ein Überbleibsel aus der Altsteinzeit, jener Zeit, in der die Menschen anfingen zu lernen, wie man sich gegenseitig Faustkeile über die Rübe zieht.

Lassen wir also Güte walten und nähern uns dem Kind im Mann! Und da drängt sich eine Frage auf: Warum haben Frauen es mit den Männern so oft schwer, während es mit den Kindern im Großen und Ganzen rund läuft? Oder anders gefragt: Warum soll das, was für die Kinder gut ist, nicht auch für den Mann gut sein? Wenn ich meinem Kind beispielsweise ganz freundlich und diskutabel sage: „Denk doch einfach einmal darüber nach, ob du die Schokolade wirklich essen möchtest; sie ist nicht gesund." – was macht das Kind dann? Es lässt selbstverständlich die Schokolade liegen, weil ihm seine Gesundheit über alles geht.

Vor allen Dingen! Männer brauchen klare Ansagen! Wenn Sie Ihren Mann lieben, dürfen Sie das nie vergessen! (Wenn nicht, sowieso nicht.)

Und so helfen Sie auch Ihrem Mann nicht, wenn Sie immer nur das Gespräch suchen. Es nützt ihm – aufs Leben gesehen – gar nichts, wenn Sie ihn immer gewähren lassen. Dann will er ja immer mehr. Männer brauchen eine sehr geduldige, eine liebevolle, aber auch eine entschiedene Hand:

Nein.

Das ist nicht Deine Frau.

Lass die mal schön liegen.

Nein.

Die auch nicht.

Auch nicht mal kurz auf den Popo.

Nein.

Bier hatten wir schon gestern.

Nein.

Keine Diskussion.

Nein.

Auch nicht probieren.

Bei der Mutti ist das was anderes: Die steckt das besser weg.

Wichtig sind kurze, prägnante, einprägsame Sätze. Der Philosoph Ludwig Wittgenstein hat geschrieben: „Was sich überhaupt sagen lässt, lässt sich klar sagen." Eine zwar typisch männliche Ansicht, die wir Frauen jedoch dringend verinnerlichen sollten. Üben Sie, Sätze zu kürzen. Was Sie in zwanzig Worten sagen können, können Sie auch in sieben Worten sagen. Und was Sie in sieben Worten sagen können, das können Sie auch in einem Wort sagen: Nein.

Die Aussprache des Wortes Nein müssen Sie allerdings üben. Das Wort darf in gar keinem Fall schrill klingen. Vermeiden Sie alles, was nur entfernt an jenen

Mein-Mann-ist-mein-Feind-Nölton erinnert, mit dem Sie bisher schon so oft gescheitert sind. Die Stimme setzt nicht zu hoch an, bringt einen kleinen, aber entschiedenen Akzent in der Wortmitte und senkt sich am Ende des Wortes mit einer Geste der gelassenen Bestimmtheit: Nein.

Sie tun Ihrem Mann doch den größten Gefallen, wenn Sie sich zwischendurch mal unbeliebt bei ihm machen: Keine Fettleibigkeit, keine heimlichen Unterhaltszahlungen, kein Cholesterin. Vor allem ist er Sie als ewig redenwollende Nervensäge los. Auch hier erweist sich Wittgenstein als kluger Ratgeber: „… und wovon man nicht reden kann, darüber muss man schweigen." Es wird der Tag kommen, an dem Ihr Mann es Ihnen dankt. Spätestens, wenn er sein Rückenleiden los ist.

Versäumen Sie es bitte nicht, Ihren Mann nun auch für seine Leistung zu belohnen. Loben Sie ihn: „Das hast du schön gemacht! Fein hast du das gemacht!" (Vgl. hierzu auch: Einfache Hundeerziehung, Schritt für Schritt erklärt. Grunderziehung und Verhalten ändern, Chemnitz 2012.)

Loben Sie ihn leidenschaftlich und über die Maßen! Erinnern Sie ihn detailliert an seine Erfolge. Leiern Sie diese gebetsmühlenartig und Tag für Tag herunter. Mit ein bisschen Selbstüberwindung und Disziplin sollte Ihnen das gelingen.

Sie werden nun erleben, was für ein kluger, differenzierter, sensibler Zuhörer Ihr Mann sein kann, wenn Sie ihn nach Strich und Faden durchgelobt haben! Und schon können Sie wieder stramm Ihr Ziel ins Auge fassen: „Hopp ins Bett, die Mutti will noch ein Kind!"

FRAUEN
(Unter der Dusche zu singen)

Frauen haben Visionen.
Frauen haben Schuhe.
Frauen wissen immer alles ganz genau.
Und wenn sie einmal etwas
nicht wirklich genau wissen,
dann wissen sie es besser, denn sie sind ja eine Frau.

Frauen reden einfach
Nicht gerne über Geld,
doch sie geben es ziemlich gerne aus.
Schaffen kiloweise Oberteile,
Möbelkataloge
sowie Sonderangebote in ihr Haus.

Frauen sind das Beste,
was die Welt zu bieten hat.
Frauen sind wie Balsam, wenn du weinst.
Doch wirklich unschlagbar sind sie in der Disziplin:
Wenn ich gerade kein Problem habe,
dann mache ich mir eins.

Frauen haben Angst
vor Kohlenhydraten.
Frauen haben Angst vor Kontrollverlust.

Deshalb reißen sie euphorisch
erstmal alles an sich.
Und dann sagen sie: „Dass ich immer alles selber machen muss!"

Sie bekämpfen ihre Leere
und die renitenten Haare
mit Strähnchen bei ihrem schwulen Frisör.
Haben die Schwangerschaften auch Rettungsringe hinterlassen –
für die Kinder quetschen sie sich durch ein Nadelöhr.

Frauen sind die besten
Konsumenten der Welt.
Frauen kaufen jedes Kaufhaus leer.
Horten Tünnef und Klamotten
in ihren großen Schränken
aus mangelndem Interesse an Geschlechtsverkehr.

Frauen achten immer
auf ihre schlanke Linie.
Darum haben sie den Salat-mit-Putenbrust-Tick.
Kaum ist der gekommen,
stochern sie im Essen ihres Mannes,
und dann fragen sie ihn immer: „Findest du mich denn zu dick?"

Frauen haben Angst
vor ihrer eigenen Größe.
Die eigene Karriere bleibt ihnen oft gestohlen.

Doch beweisen sie 'ne Menge
Energie, wenn es drum geht,
einen Alki zu bekehren und 'nen Schwulen umzupolen.

Frauen können lieben.
Frauen können zoffen.
Frauen sind gefährlich nah am Wasser gebaut.
Weinen viele heiße Tränen
über ihre Tränensäcke.
Schmieren Pröbchen über Pröbchen auf Orangenhaut.

Und wer noch keinen Freund auf dieser Welt gefunden hat,
der hat bislang noch nicht auf eine Frau gebaut.

DER SENSIBLE MANN

Wir alle kennen den Ausspruch, mit dem schon unsere Eltern, Großeltern und Lehrer uns zur Weißglut getrieben haben: „Der Ton macht die Musik." Zumal sie in gewisser Hinsicht damit recht behalten haben. So Ihr Mann nun zu denen gehört, die schon bei „Unsere kleine Farm" oder „Die Waltons" mit den Tränen kämpfen, seien Sie bitte selbstkritisch und überprüfen Sie Ihren Ton auf das Genaueste: Es könnte sein, dass Sie zu ganz neuen Umgangsformen greifen müssen, um Ihren Mann dauerhaft zu erreichen. Falls er schon unter einem schlichten „Morgen", „Hopp", „Schneller" oder „Nein!" zusammenzuckt, sollte sich die Strategie glasklar in Richtung Einlullen ändern: Stellen Sie das Gespräch ein und singen Sie Ihre Vorwürfe. Auf eine ganz nette, freundliche Melodie.

JETZT GEH DOCH ENDLICH MAL EINKAUFEN!

Das will der sensible Mann nicht hören, und ich kann das ehrlich gesagt auch verstehen. Eine Veränderung der Hörgewohnheiten macht ganz neue Räume auf! Finden Sie eine schöne, zarte Melodie (ich empfehle an dieser Stelle Weihnachtslieder, da diese von Kindesbeinen an positiv besetzt sind), bemühen Sie sich aufrichtig um eine freundliche, mädchenhafte, vielleicht etwas naive Attitüde:

Süßer die Worte nie klingen.
Du kaufst jetzt endlich mal ein.

Wenn du nicht tust, was ich sage,
haue ich dir eine ...

Nein, das ist zu brachial.

... wenn du nicht tust, was ich sage,
lebst du schon morgen allein.

Das ist besser. Gerade beim sensiblen Mann kommen Sie wesentlich weiter, wenn Sie ihn lediglich subtil psychisch unter Druck setzen. Die rohe körperliche Gewalt ist im Kosten-Nutzenverhältnis eher suboptimal. Merken Sie sich das.

Sehr deeskalierend kann es sich auch auswirken, wenn Sie mit Ihrem Mann gemeinsam etwas singen. In schwedischen Firmen ist das gang und gäbe. Wenn eine schwedische Firma beispielsweise in einer schweren Krise ist, wenn schon der Insolvenzverwalter auf der Matte steht und die Akten konfisziert, dann setzen sich die Mitarbeiter alle in den Kreis und singen: „Es ist noch Suppe da." Und schon fühlen sie sich besser! Es ist gut für sie. Man muss kein Musiktherapeut sein, um das nachvollziehen zu können.

Setzen Sie diese Erkenntnisse gewinnbringend für Ihre Ehe ein. Singen Sie, was das Zeug hält:

Ich steh mit meiner Grippe hier.
Für mich ist das ein Segen.
Ich bin schon krank, will nun auch dir
paar Viren übergeben...

Ich verspreche Ihnen: Der Mann wird parieren wie 'ne Eins.

„Streit in Dur" nennt man das. Und es ist ein ganz heißer Tipp.

DER VERZOGENE EINZELKINDMANN

Es wird Zeit, den theoretischen Exkursen ein Gesicht zu geben und konkret zu werden. In diesem Zusammenhang muss ich erwähnen, dass dieses Buch aus der Praxis entstanden ist. Schon lange therapiere ich durchschnittlich gestörte Männer aus meinem Freundeskreis leidenschaftlich gerne selber, um die neue Richtung zu beeinflussen.

Einige meiner Patienten möchte ich Ihnen gerne vorstellen. Die Namen sind aus Gründen der kabarettistischen Schweigepflicht geändert. Günther möchte gerne anonym bleiben.

Der kleine Gerd (38) ist vielseitig interessiert. Er sammelt Spachtelmassen und Bohrmaschinen. 147 Bohrmaschinen hat er bereits, und er kann nicht verstehen, warum seine Freundin Andrea ihm die 148ste verweigert. Beim Besuch im Baumarkt kommt es zum Eklat: Gerd wirft sich hin, trommelt mit den kleinen Fäustchen auf den Boden und schreit. Er schreit so laut, dass alle gucken. In großer Panik legt Andrea gleich zwei Bohrmaschinen an die Kasse, damit der kleine Gerd Ruhe gibt. Er schreit jedoch weiter. Was läuft hier falsch?

A Die Bohrmaschinen sind nicht von Black & Decker.

B Die Bohrmaschinen sind von Black & Decker.

C Gerd hat Hunger.

Sehen Sie: Schon wieder falsch gelegen! Nichts von alledem stimmt. In Wirklichkeit hat Gerd ein Männlichkeitsproblem und kompensiert sein mangelndes Selbstbewusstsein durch den Erwerb von überflüssigen Baumarktaccessoires (Phallussymbole). Eine gewagte These, für die ich noch nicht einmal mehrere Semester Psychologie studieren musste. Noch nicht mal ein einziges Semester. Nein: Das zügige Leeren einer Flasche Rotwein sowie ein Besuch in der Wohnung von Gerd und Andrea haben ausgereicht, diese These solide zu untermauern: Holzvertäfelung, so weit das Auge reicht. Holzvertäfelung an den Wänden, Holzvertäfelung unter der Decke, holzvertäfelte Toilette, holzvertäfelte Badewanne, holzvertäfelte Küche, holzvertäfelter Garten, holzvertäfeltes Ehebett. Holzvertäfelte Küchenschränke, holzvertäfelte Müsliaufbewahrungsbecher, holzvertäfelte Teekanne. Es sickerte sogar im Freundeskreis durch, dass Andrea sich bereit erklärt habe, in Holzvertäfelung zu heiraten.

Sie wollte einfach keinen Streit.

WAS TUN?

Toleranz, Frauen, Toleranz. Gerd ist der bohrende Beweis für die Tatsache, dass man Männer nicht verändern kann. Sie sind letzten Endes nicht besser als ein gutes Steak: Man kaut stundenlang drauf rum und schluckt es doch als Brocken.

Erfahrungsgemäß wird der, der als Einzelkind geboren ist, auch als Einzelkind sterben.

Machen Sie also drei Kreuze, wenn sich seine Macken zumindest weitgehend auf eine infantile Leidenschaft für Bohrmaschinen beschränken. Gönnen Sie ihm einen Tag in seinem Hobbykeller. Loben Sie all die schönen Vertäfelungen. Vergessen Sie nicht: Unter Lob neigen Männer ohnehin zur Vernebelung; er wird Sie nicht durchschauen. Geben Sie Ihrem

Black&Decker-Man immer wieder eine neue, handfeste Aufgabe, eine Mission, eine Challenge: Deuten Sie diskret an, wie sehr sich die Schwägerin über ein holzvertäfeltes Stövchen freuen würde. Sollte das Verhältnis sich auch weiterhin nicht bessern, greifen Sie zum Letzten: Begrüßen Sie Ihren Liebsten in holzvertäfelter Reizwäsche. Wer nicht hören will, muss spuren.

DER VERHEIRATETE JUNGGESELLE

Auch wenn es unglaubwürdig klingt: Es gibt tatsächlich Männer, denen es intellektuell nicht möglich ist, nachzuvollziehen, dass man zu zweit nicht mehr alleine ist. Jedenfalls benehmen sie sich so.

Der sensible Horst (48) zieht sich schmollend in sein Arbeitszimmer zurück. Seine Ehefrau Ulrike ist sauer. Seit Wochen hat sie sich auf ein gemeinsames Wochenende gefreut. Und jetzt das. Sie hämmert an die Tür, wimmert vorwurfsvoll und droht mit Liebesentzug.

Liebesentzug! Darauf hat Horst nur gewartet. „Endlich frei!", denkt er und blättert glücklich in seiner FAZ am Sonntag.

Was läuft hier schief?

Ulrike macht grundsätzlich etwas falsch. Sie geht von der falschen Annahme aus, dass Liebe gleichzusetzen ist mit Nähe. Das mag unter Erwachsenen stimmen, für Männer gilt dies jedoch nicht. Männer können nicht immer nur lieben, sie haben zwischendurch auch etwas Wichtiges zu tun: stehen und machen. Sie nennen dies „arbeiten" und gucken bedeutungsvoll rum.

Zum tieferen Verständnis wagen wir einen Blick in die Vorgeschichte: Als Horst und Ulrike sich kennenlernen, muss Horst nicht lange überlegen, um zu wissen: die und sonst keine! Er ist verliebt. Und wie.

Ulrike ist irgendwie auch verliebt – außer, dass Horst sieben Kilo zu viel wiegt, immer „ein Stück weit" sagt und in der Kneipe KiBa bestellt: Kirschbananensaft, was ja wirklich unmännlich und voll 80er, also peinlich ist. Aber Horst hat auch Vorteile: dass er in sie verliebt ist zum Beispiel, und dass seine Eltern einen alten Bauernhof in der Eifel haben.

Ulrike ist in ihrem Element. Sie kann wieder einmal ihrer Lieblingsbeschäftigung nachgehen: den Mann verändern und mit der Freundin darüber reden.

Horst ist nicht dumm: Er nimmt ein Kilo ab und lässt sich eines Abends zu einem kleinen Bier hinreißen. Ulrike wähnt sich auf der Zielgeraden und verbreitet im Freundeskreis: „Der ist es. Ich muss nicht mehr suchen." Sie lässt sich auf ihn ein. Ein fataler Fehler!

Nicht für Horst. Der ist fein raus. Als Ulrike seine Liebe endlich erwidert, betrachtet er die Arbeit an seiner Liebe als erledigt und wendet sich anderen Aufgaben zu. An freien Wochenenden bestellt Horst sich oft mehrere Fässchen KiBa und testet sie auf ihre Geschmacksnuancen.

WAS TUN?

Hier hilft Reden nicht! Denn Männer lernen aus den Folgen.

Anstatt den Fehler bei sich zu suchen, sollte Ulrike Horst die Konsequenzen seines Verhaltens aufzeigen: Sie geht ins Internet und bucht einen Mann fürs Wochenende. Sie bezahlt selbstverständlich mit Horsts Kreditkarte.

DAS KOMPLIZIERTE AN DER LIEBE
IST DAS LIEBEN
(Am besten täglich zu singen)

Das Komplizierte an der Liebe ist das Lieben,
weil man so denkt, es käme von allein.
Dabei hat das Verliebtsein mit dem Lieben
so viel zu tun wie 'ne Möwe mit 'nem Schwein.

Erst steht man kopf und kann es gar nicht fassen,
dass einem das Leben so ein Glück geschenkt.
Doch dann beginnt das Leuchten zu verblassen,
und das geht leider schneller, als man denkt.

Die eigene Sehnsucht bleibt unverändert riesig.
Aber der Mann bleibt einfach nur ein Mann.
Und schon dies Missverhältnis macht das Leben miese
(sofern man überhaupt von Leben sprechen kann).

Gerade noch fliegt man selig selbstvergessen
mit dem Geliebten durch das unbegrenzte All.
Doch unbemerkt beginnt ein leises Kräftemessen,
und schon ist man ein Schwein im freien Fall.

Das, was man gerade noch bewundert, wird bemeckert.
Der kleinste Fehler wird bemerkt und registriert.

Und all der Zauber wird im Handumdrehen bekleckert,
weil statt des großen jetzt das kleine Herz regiert.

Wer sind wir überhaupt, dass wir erwarten,
das große Glück wär unser dauerhafter Freund
und unser Leben ein ewig blühender Garten,
in dem die Traurigkeit nur in der Nacht geträumt?

Warum kann denn nicht einfach mal was bleiben?
Warum muss denn das Schöne stets vergehen?
Warum muss man sich immer an dem Menschen reiben,
den man doch liebt – anstatt ihn zu verstehen?

Reißt euch am Riemen und liebt das Unbequeme!
Tut einfach so, als ob es euch gefällt!
Öffnet die Tür für Traurigkeit und Schönes,
und ich verspreche: Euch gehört die Welt!

Das Schöne an der Liebe ist das Lieben,
ist das Verzeihen, auch wenn der andere nicht pariert.
Und wer mir sagt, das wäre übertrieben,
dem sage ich: Entweder man liebt, oder man friert.

Das Schöne an der Liebe ist das Lieben.
Denn was man gibt, das kommt tausendfach zurück.
Und wer mir sagt, das wäre falsch beschrieben,
dem sage ich: Nur wer liebt, den liebt das Glück!

DAS WICHTIGSTE IN KÜRZE

Frauen und Männer sind im Großen und Ganzen gleich doof. Die Männer haben es nur noch nicht gemerkt. Wir Frauen auch nicht. Und falls Ihr Männer es doch gemerkt haben solltet, können wir Frauen es nicht wissen – denn Ihr Männer sagt ja immer nix.

DER KONFLIKTUNFÄHIGE MANN

oder

DIE VORZÜGE DER PAARTHERAPIE

Ein höchst interessanter Aspekt, dem ich in diesem Werk einen zentralen Platz einräumen möchte, eiert um folgende Frage: Warum haben wir Frauen immer das Gefühl, indem man ein Problem ausspricht, ist es AUS der Welt; und warum geben uns die Männer immer das Gefühl, erst indem man ein Problem ausspricht, ist es IN der Welt?

Wenn ich meinem Mann beispielsweise mit einem Problem komme, sagt er immer: „Jetzt kommst du schon wieder mit so 'nem Problem." Ist das denn zu fassen? Ich habe ein Problem mit meinem Mann, und mein Mann hat ein Problem mit mir, weil ich es ausspreche. Denn vorher war es ja nicht da. Darauf muss man erst mal kommen. Diesen Mechanismus muss man überhaupt erst mal kapieren. Der ist so simpel, der ist gar nicht so leicht zu verstehen für eine Frau: Zu Anfang bin ich über irgendetwas traurig. Meistens ist es überhaupt nur irgendeine Kleinigkeit. Dann denke ich immer: Och, das kann man ja mal klären, wir sind ja schließlich verheiratet. Und ich spreche das an. Mit ganz sanften, einfühlsamen, liebevollen Worten. (Sie können sich das sicher gut vorstellen.) Schon macht mein Mann schlagartig dicht: „Also bitte nicht heute Abend!" Dann bin ich natürlich noch trauriger als vorher, und mein Mann hat auch noch schlechte Laune, weil ich schon wieder so hinterhältig war, über irgendetwas traurig zu sein, und ein Problem gemacht habe, das er ohne mich nicht gehabt hätte.

Immer wieder liest man von Menschen, denen eine Paartherapie sehr geholfen hat. Als konfliktfähiger, innovativer, offener Mensch will ich das sehr gerne glauben. Was aber, wenn der Mann nicht will? Ich selbst kenne das Dilemma. Wie oft habe ich meinem Mann schon gesagt: „Jetzt geh doch mal in die Paartherapie!" Aber er wollte nicht. Er wollte nicht alleine in die Paartherapie. Das soll mal einer begreifen: Zu Hause will er immer seine Freiheit haben, macht einen auf „lonesome cowboy" – aber wenn es ans Eingemachte geht, dann muss die Mutti schon wieder mit. Was soll ich denn bitteschön in der Paartherapie? Im Gegensatz zu meinem Mann bin ich sehr glücklich verheiratet.

Ich habe sogar kompromissbereit vorgeschlagen, dass wir das zu Hause regeln können. Ich wär' wohl der Therapeut, er wär' wohl das Paar. Ich sage ihm, wo seine Probleme sind, er zahlt: „Du liebst mich nicht genug: Kostet hundert Euro!" Wollte er auch nicht. Keine läppischen hundert Euro ist dem unsere Beziehung wert. Ist es denn die Möglichkeit! Es ist also wirklich nicht so, als würde ich nicht auch auf meinen Mann zugehen.

Sollten Sie ähnliche Erfahrungen gemacht haben: Lassen Sie Ihren Mann spüren, wie sehr er Sie enttäuscht. Machen Sie deutlich, dass Sie ohnehin über die Maßen auf ihn zugegangen sind. Denn: Eine kluge Frau braucht im Grunde kein Gespräch, um sich zu unterhalten. Appellieren Sie an seine

Vernunft und seine Herzlichkeit: Wahre Liebe erfährt nur, wer dem Nehmen auch das Geben entgegensetzt!

Auch in diesem Fall kann das Singen nackter Tatsachen verblüffende Erfolge hervorrufen.

AUTORITÄRES LIEBESLIED

(Beim Reden zu singen)

Sag doch einfach mal, was du findest.
Find doch einfach mal, was ich denk.
Trau dich endlich einmal, meiner Meinung zu sein.
Sei nicht immer so stur, sei modern und bedenk:
Wenn du tust, was ich dir sage, finde ich dich wirklich nett.
Zum Dank darfst du so bleiben, wie ich dich gerne hätt'.

Du hast doch selber gesagt, du magst keinen Streit.
Warum stehst du dir heut so im Weg?
Wenn du weißt, was ich will, warum tust du's dann nicht?
Denk schnell drüber nach, denn sonst ist es zu spät.
Diskutieren bringt hier nichts, das merkst du selbst,
  weil ich's nicht will.
Es ist für alle besser, wenn ich red, und du bist still.

Bitte glaub nicht, dass ich egoistisch bin.
Ich tue dies alles nur für dich.
Ich weiß einfach, dass es dir am besten geht,
wenn ich wirklich glücklich bin. Vergiss das bitte nicht.
Zufrieden ist nur der, der wirklich geben kann.
Ich steh derweil ganz tapfer im Nehmen meinen Mann.

DER KONFLIKTFÄHIGE MANN

DAS WICHTIGSTE DAZU IN KÜRZE

Jo.

DER THERAPIERTE MANN

Was tut der Feuerwehrmann, wenn es brennt? Er versucht, die Flammen zu löschen. Er fragt sich nicht: „Was macht das jetzt mit mir?"

Was macht der verliebte, ja geradezu in Flammen stehende Mann, wenn er mit dem Objekt seiner Begierde nach dem Kinofilm durch die laue Sommernacht flaniert? Er schlingt seine Arme um sie und küsst sie so heftig durch, dass ihr Hören und Sehen vergehen. Was auch sonst.

Nicht so der therapierte Mann.

Auf dem Höhepunkt seiner hormonellen Wallung grinst er schelmisch in sich hinein und überlegt, wie er den Kuss, den er für die nächste Viertelstunde in Erwägung zieht, in seiner Psychogruppe verbal thematisieren wird. Letztlich wird er nur schildern, dass es zu einem Kuss nicht gekommen ist, weil von dem Objekt seines uneingeschränkten Begehrens plötzlich unheimlich schlechte Schwingungen ausgegangen sind – Schwingungen, die ihn stark an seine (seiner Mutter zum Verwechseln ähnliche) Exfreundin erinnern. Für diese Wahrnehmung ist er natürlich unheimlich dankbar.

Nach fünf Jahren Couch hat er endlich das „innere Kind" in sich entdeckt und gelernt, „ich" zu sagen. Das hat er jetzt echt drauf: ICHICHICHICHICHICHICHICHICHICHICH ICHICH.

Was Erzieherinnen ihm zwischen dem dritten und dem sechsten Lebensjahr liebevoll beigebracht haben, hat er sich in engagierter Therapiearbeit erstaunlich effektiv und schnell wieder abtrainiert. Er hat gelernt, wie wichtig es für ihn ist, seinem Gegenüber im Zweifel auch mal die Schaufel über den Kopf zu ziehen. Man kann ja wieder drüber reden.

Jeden noch so gut gemeinten Erziehungsvorschlag hinterfragt er hinterhältig. Er kriegt seinen Sozialarbeiterblick, wackelt mit dem Kopf und raunt Sätze, in denen sehr oft das Wort „unheimlich" vorkommt: „Das tut mir unheimlich weh ... ich glaub, ich brauch unheimlich Abstand ... ich brauch unheimlich Zeit für mich ... ich fänd's unheimlich gut, mal alleine wegzufahren ... laberlaberlaber."

Erste Konsequenz: Pass einziehen. Damit sind Sie schon mal auf der sicheren Seite.

An dieser Stelle möchte ich darauf hinweisen, dass Sie, liebe Leserinnen und Leser gut daran tun, Ihren Männern tolerant ihre Einzigartigkeit zu lassen – sofern es dazu führt, dass diese dazu bereit sind, Ihnen den Arsch hinterherzutragen! Hier jedoch ist beim therapierten Mann noch viel Luft nach oben.

So möchte ich einen dringenden Appell an sämtliche Psychotherapeuten und -analytiker dieses Landes schicken: Mit „unheimlich" warmen Worten ist noch keine Ehe gerettet worden. Da muss schon mal ein bisschen was springen: Schmuck, Goldbarren, Perlen, Altbauimmobilien in Toplage! Sagen Sie das bitte Ihren Patienten.

Sie finden das zu anspruchsvoll? Erlauben Sie, dass ich Ihnen widerspreche: Das ist nicht anspruchsvoll, das ist wertkonservativ! Es ist jener Wertkonservatismus, der letztlich einen gütigen und treuen Blick auf den verunsicherten Mann schmeißt. Denn nur die wertkonservative Frau weiß, dass ihr

Mann weder ihre weibliche Intelligenz noch ihre Sozialkompetenz besitzt. In seiner Unfähigkeit sich abzugrenzen schießt er gelegentlich übers Ziel hinaus; er hat einfach noch nicht gelernt, sich zu separieren, ohne sich zu trennen.

WAS TUN?

Nichts. Sie haben sich sehenden Auges einen Mann ausgesucht, der seine geistige Volljährigkeit aller Voraussicht nach nicht mehr zu Lebzeiten erreichen wird. Sie haben genau zwei Möglichkeiten: ertragen oder rausschmeißen.

So Sie sich dazu entscheiden, Ihrem Mann die Treue zu halten, machen Sie sich klar, dass Sie das Leben alleine wuppen müssen. Lassen Sie sich nicht entmutigen; das haben schon viele Frauen vor Ihnen geschafft. Nahezu alle. Erwarten Sie nichts. Suchen Sie sich Unterstützung. Tun Sie sich mit anderen alleinerziehenden Ehefrauen zusammen. Lassen Sie sich finanziell vom Staat unter die Arme greifen. Beantragen Sie Kindergeld für Ihren Mann. Helfen Sie ihm, seine Kränkungen nicht nur intellektuell aufarbeiten zu müssen. Melden Sie ihn in der PEKIP-Gruppe und in der musikalischen Früherziehung an.

EIN WEIT VERBREITETER EINZELFALL: DER GEBÄRENDE MANN

Der gebärende Mann ist als eine der innovativsten Errungenschaften des 21. Jahrhunderts zu bezeichnen. Auf bewundernswerte Weise schafft er es, dem klassischen Rollenmodell die kalte Schulter zu zeigen. Gebärneid ist für ihn ein Fremdwort, denn er erlebt die Geburt seines Kindes in einer Unmittelbarkeit, von der wir Frauen nur träumen können.

Schon die Vorstellung, Vater zu werden, zaubert das berühmte grenzdebile, glückselige Lächeln junger Mütter auf sein Gesicht. Schwangerschaftstests kauft er am liebsten kiloweise und nötigt seine Frau/Freundin auch nach einem positiven Ergebnis, täglich einmal draufzupullern, um zu gucken, ob noch alles da ist.

Bei den Mahlzeiten langt er kräftig zu, denn er muss ja jetzt für drei essen. Noch bevor bei seiner Frau/Freundin irgendetwas zu sehen ist, wölbt sich sein Bauch bereits kräftig nach vorne, sein Kinn hat sich verdreifacht und seine Backen wippen bei jedem Schritt kräftig mit. Das jedoch irritiert ihn gar nicht, denn er hat in den einschlägigen Schwangerschaftsratgebern nachgelesen, dass Wassereinlagerungen normal sind und dem Antlitz die so typische strahlende, rosige Schönheit geben. Im Spiegel muss er das gar nicht mehr kontrollieren; er spürt sein Leuchten auch so. Er hat den Beweis seiner eigenen Unsterblichkeit angetreten. Er ist zufrieden mit sich. Sehr zufrieden.

Ähnlich wie seine Frau fällt er abends todmüde ins Bett und verzichtet endgültig darauf, die letzten Kräfte für die lästige Hausarbeit zu mobilisieren – denn wie steht es in den Ratgebern geschrieben: „Gönnen Sie sich eine Auszeit. Genießen Sie diese einmalige Zeit. Lernen Sie frühzeitig, fünfe gerade sein zu lassen."

Aha. Genießen. Fünfe gerade sein lassen.

Der gebärende Mann lernt schnell. Schneller, als seiner Frau/Freundin lieb ist. Er bereitet sich auf das große Ereignis vor. Schon vier bis fünf Monate vor dem errechneten Termin hat er sich den so typischen Watschelgang sowie die auffällige Schnappatmung zugelegt. Kein Wunder, da die Last des Bauches ihn – für jeden sichtbar – zu erdrücken droht.

Doch er meistert auch diese Bürde mit bemerkenswerter Grandezza. Wenn er sich nicht gerade versonnen die Wampe streichelt, legt er sein Haupt auf dem Bauch seiner Frau ab, um mit seinem Sprössling Kontakt aufzunehmen. Er weiß, dass er erkannt wird, besinnt sich seiner Stimme und röhrt Schlaf- und Karnevalslieder in die Schwangerschaftsstreifen. Er beginnt, Charakterzüge seines Nachwuchses im Freundeskreis anzupreisen: dass der Kleine einen unglaublich starken Willen habe und dass er „ganz genau wisse, was er will und dass er unglaublich neugierig sei und dass er Musik liebe. Auch lässt der werdende Vater vermelden, dass Drehen und Wenden im Mutterleib ganz eindeutig auf eine Hochbegabung des Kindes hinweisen. Was auch sonst? Er ist ja schließlich der Vater! Stolz verwatschelt er seine Zeit und verplempert das Erbe des Kindes in Bau- und Babyfachmärkten. Hätte der Bauch nicht schon in Format und Größe Maßstäbe gesetzt, würde jetzt die stolzgeschwellte Brust ein fabelhaftes Dach für sein Erzeugerbeweisstück abgeben. Der gebärende Mann muss in seinem Leben keine Prioritäten mehr setzen; er weiß, worauf es ankommt. Er hebt ab. Er fliegt.

Erst das Einsetzen der Wehen bringt ihn zurück auf den Boden der Tatsachen. Schmerzen waren für ihn schon immer unschön – aber das hier übersteigt alles bisher Erlebte: Denn hier leidet seine geliebte Frau. Und – schlimmer noch – sein zukünftiger Stammhalter.

Er bestellt einen Rettungswagen. Als das Paar im Krankenhaus eintrifft, sitzt seine Frau auf dem Beifahrersitz, und ein siebenköpfiges Team kämpft um sein Leben. Erfolgreich. Die erste Hürde ist genommen. Er weiß aber auch, dass er ab jetzt rechtzeitig auf die Zeichen seines Körpers hören muss. Die folgenden Stunden übersteht er liegend, atmend; er lässt sich rechtzeitig eine PDA legen, dankbar für die Errungenschaften der modernen Medizin und seine brillante Atemtechnik. Als sein Sohn schließlich das Licht der Welt erblickt, ist der Vater erschöpft eingeschlafen.

Später wird er im Freundeskreis erzählen: „Die Geburt war so anstrengend und schmerzhaft – ich war unheimlich froh darüber, dass meine Frau dabei war."

WICHTIGE TIPPS IM UMGANG MIT DEM GEBÄRENDEN MANN

1. Ernst nehmen.
2. Nicht ganz so ernst nehmen.

3. Wadenwickel (wirken bei Kindern fiebersenkend; können den Mann in eine seinem Alter entsprechende intellektuelle Zone katapultieren).

4. Alternativ: Essigstrümpfe. Kniestrümpfe ins Wasser legen, gut auswringen und dem im Bett liegenden Mann anziehen. Darüber Woll- oder Handtücher wickeln. Die Strümpfe bleiben mindestens 40–60 Minuten dran!

5. Zur Rückbildung mitnehmen.

6. Nur in Härtefällen: Termin beim Gynäkologen machen. Gegebenenfalls Ultraschalluntersuchung anberaumen.

DER UNSPORTLICHE MANN

oder

DEMÜTIGUNG DURCH GUMMITWIST

EIN FALLBEISPIEL

Tobias (42) hat sich noch nie gerne bewegt. Schon als Kind hat er sich gar nicht bewegt. Auch als Baby nicht. Er ist nicht gekrabbelt, nicht gerobbt, hat sich nicht vom Rücken auf den Bauch gedreht.Ganz still hat er dagelegen und sich nicht vom Fleck gerührt. Das erste Mal, dass Tobias sich fortbewegt hat, war am 11. August 1978. Da fing die Schule an.

Seine Eltern beobachteten stolz, wie er um die Ecke krabbelte, keuchend und angestrengt, weil er ja auch noch einen Schulranzen transportieren musste, was ihn wiederum schon an der ersten Ampel dazu bewog, auf ZWEI Beinen zu gehen, weil es einfach leichter war, vor allem WEGEN des Schulranzens, wobei anzumerken ist, dass er eigentlich gar keinen RICHTIGEN Schulranzen hatte, sondern so ein kariertes Wägelchen auf zwei Rollen, mit dem ältere Damen wie er gerne einkaufen gehen. Als er dann in der Schule ankam, hatte er direkt ein bisschen Pech, denn der Klassenraum der 1b war nicht im Erdgeschoss, sondern im ersten Stock. So musste er MIT dem Wägelchen die ganze Treppe hoch, und diese exzessive Form der Bewegung war so schlimm für Tobias, dass der Kinderarzt ihn dann erst einmal einen Monat krank geschrieben hat.

Zugegeben: Tobias ist ein Extremfall.

Trotzdem ist im Umgang mit dem unsportlichen Mann grundsätzlich höchste, ja allerhöchste Vorsicht geboten. Denn der unsportliche Mann weiß wie kaum einer, seine Sportbehinderung zu vertuschen und zu verschleiern und Sie damit hinterrücks in die Irre zu führen. Er würde nicht unbedingt zugeben, dass er sich nicht gerne bewegt – nein, ganz im Gegenteil. Er „vergisst" lediglich sich zu bewegen. Abends, wenn er im Bett liegt, spürt er förmlich, dass da doch noch etwas war, was er gerne am Tage hätte tun wollen; und schwupp! fällt es ihm wieder ein: Bewegen. Das wär's gewesen. Und schon merkt er, dass er gar nicht aufgestanden ist. Aber nicht etwa aus Desinteresse, nein, einfach aus Vergesslichkeit.

Sobald er in Gruppen gerät, die auch nur einen Hauch von Unternehmungslust erahnen lassen, täuscht er ein gewaltiges Arbeitspensum oder Sodbrennen vor. Dabei weiß ja jeder, dass es gar keinen Sod gibt.

WAS TUN?

Der unsportliche Mann gibt vor, sein Körpergewicht in Einklang mit seinem Intelligenzquotienten bringen zu wollen. Sorgen Sie wenigstens dafür, dass er nicht noch klüger wird, denn sonst wird er ja noch dicker.

Gehen Sie viel mit ihrem Mann an die frische Luft.

Suchen Sie nach einfachen Bewegungsspielen, die ihn erfreuen, aber nicht überfordern: Stöckchenwerfen, Gummitwist, „Wer kommt in meine Arme". Sie werden erstaunt sein, wie schnell Ihr Mann es vorzieht, sich auf eigene Faust zu bewegen.

DER SPORTLICHE MANN

So unsportlich der unsportliche Mann sein mag, so sportlich ist in der Regel der sportliche Mann. Was ist schlimmer, werden Sie sich fragen? Ich werde es Ihnen sagen: Beides. Aber der sportliche noch ein bisschen mehr.

Allem voran nervt seine Wahrnehmung für das, was man Idealfigur nennt. In seiner Fähigkeit, seinen Blick an Ihnen hinuntergleiten zu lassen, um dabei jedes Zehntel Gramm Fett zu registrieren, das Sie sich genussfähig und freudvoll zugefügt haben, stellt er jede noch so bescheuerte Oberbekleidungsfachverkäuferin in den Schatten. All die schönen, lange erarbeiteten (und im Übrigen auch teuren) Rundungen, all die Weichheit, die Mütterlichkeit und Wärme, die uns Frauen unseren einzigartigen Schmelz verleihen, werden plötzlich als horizontale Benachteiligung ausgelegt. Dieser Sichtweise muss mit allen Mitteln Einhalt geboten werden!

Wenn Sie Ihren Mann also dabei erwischen, wie er plötzlich beim Zähneputzen vor dem Waschbecken auf- und abwippt, um die Wadenmuskulatur in Schwung zu bringen, wenn Sie ihn ehrgeizig an der Bushaltestelle trippeln sehen, um keine Zeit ungenutzt zu lassen, wenn er Tag für Tag ins geisttötende Fitnessstudio abzwitschert, um beim sinnentleerten Stemmen von Gewichten seine Stimmbänder zu ruinieren, weil er lauter stöhnt, als er das je beim Sex getan hat, dann ist höchste Vorsicht geboten. Dann befindet sich Ihr Mann allem Anschein nach auf dem Weg in die Midlife-Crisis.

WAS SIE JETZT BEDENKEN MÜSSEN:

So sehr Sie Ihrem Mann gerade jetzt die Stange halten sollten, werden Sie mir recht geben, wenn ich behaupte, dass weder Rumhampeln noch Gewichtegestöhne Verfall und Tod
aufhalten. Im Übrigen auch keine Probleme lösen. Stellen
Sie sich nur vor, die Mitglieder der Klimakonferenz würden
sich treffen und während des wichtigen Gesprächs unentwegt
trippeln, Muskeln dehnen, pantomimisch den sauberen Auf-
schlag darstellen: Wir hätten noch weniger Respekt, als wir
ohnehin schon haben.

Somit stellt sich der Sportfanatismus als eine schlechte Lösung dar.

Selbst das Konklave bei der Papstwahl besticht durch körperliche Ruhe zum Zwecke kluger Entscheidungen. Habemus
Wampe.

So ich Sie noch nicht überzeugen konnte, lassen Sie mich
meine Bedenken mit einer Frage auf den Punkt bringen: Wen
finden Sie attraktiver? Den Mann, der im Lacostehemd die
Serpentinen raufrennt und irgendwann röchelnd, rotgesich-
tig, verschwitzt und stinkend auf dem Gipfel steht – oder den
Mann, der den Berg souverän mit dem Moped bezwingt, den
Picknickkorb auf dem Gepäckträger? Jenen Mann also, der
Sie in schöngeistiger Stimmung erwartet, und ausgeruht Käse,
Baguette und Rotwein auf einer Picknickdecke drapiert, Sie
mit Bonmots und Komplimenten überrascht, um sich sodann
ausgeruht und attraktiv der atemberaubenden Landschaft
und der körperlichen Lust hinzugeben?

Na also. Geht doch.

DER MANN ALS PULLUNDER

Uns Frauen wird oft vorgeworfen, wir könnten den Mann nicht so sein lassen, wie er ist. Es wird uns eingetrichtert, wir würden zu viel an ihm rummachen. Diese Ansicht ist selbstverständlich grundfalsch. Denn: Rummachen hat doch auch etwas mit Visionen zu tun. MÄNNER: Wir können euch doch nicht mit all euren Makeln und Geräuschen alleine lassen!

Ihr seid immer so schnell zufrieden mit euch. Ihr gebt so schnell auf. Wenn ich hingegen beispielsweise im Schaufenster ein mittelschönes billiges Kleid sehe, dann denke ich doch auch friedlich und allumfassend: „Oh! Da kann man was draus machen!" So ist das auch mit euch. Lieber Mann, der du dieses hier vielleicht gerade liest: Du bist sicherlich ein sehr wertvoller Mensch. Aber wenn ich dich jetzt so kennenlernen würde, ich meine: jetzt so als Frau ... also ... dich als Mann – dann hätte ich schon das Gefühl: Da geht noch was! Da hätte ich wohl noch ein paar gute Ansätze. Du bist wie ein schöner Pullover. Du bist sogar ein Cashmere. Dir fehlen nur die Ärmel. Du bist ein Pullunder! Und da würde ich dir gerne helfen! Bei den Ärmeln!

Ja! So sind wir Frauen: hilfsbereit und selbstlos! Ungewöhnliche Tugenden in unserer materialistischen, kalten, selbstbezogenen Welt. Und weil wir nicht nur liebevoll sind, sondern auch visionär und pfiffig, suchen wir die Kleidung für euch Männer höchstpersönlich aus, um dafür zu sorgen, dass euch nie wieder eine andere Frau anguckt. Das ist praktizierte Nächstenliebe!

Neulich warf mir mein Mann doch tatsächlich zu Unrecht vor, wir Frauen hätten bereits im Augenblick des Verliebens – nein! – noch schlimmer: wir hätten, bereits bevor wir uns verlieben, ein ganz bestimmtes Bild von euch Männern im Kopf und versuchten ab dann, euch Tag für Tag zu diesem Bild hinzubiegen. Ob es passt oder nicht. Das ist natürlich völlig falsch und im Übrigen auch einseitig. Ihr Männer habt auch ein Bild von uns ...

...

...

...

Jo!

Und dann ertragt ihr die Differenz zwischen eurem Bild und der Realität. Ihr richtet euch ein in eurem Unglück. Wir streichen wenigstens die Wände und stellen einen Blumenstrauß auf den Tisch. So ist das!

DAS WICHTIGSTE IN KÜRZE

Rummachen ist Nächstenliebe und Engagement.
Lassen ist Kälte und Ignoranz.
Der Grat ist schmal.

HÄNDE WEG VON MEINEN MACKEN

(Vor jedem Streit zu singen)

Meine Stimme ist zu laut. Mein Arsch ist zu dick.
Mit den Augen habe ich manchmal diesen seltsamen Tick.
Wenn ich esse, dann viel, und das kann man auch gut hören.
Beim Straßenbahnfahren darf man mich nicht stören.
Im Kino schlaf ich ein. In der Kirche muss ich lachen.
Und wenn es zu harmonisch wird, schnell einen Streit entfachen.
Sag mir nicht, ich soll das lassen, denn dann tu ich es immer mehr.
Meine Ticks zu kultivieren fällt mir nicht schwer.

Hände weg von meinen Macken!
Hände weg von meinen Ticks!
Meine Macken sind die Zacken
meiner schönen Seele, die du an mir liebst.
Mäkele nicht! Das macht mich hässlich.
Dabei willst du doch was Schönes neben dir.
Also lieb mich all inclusive,
und schon funkle ich für dich wie ein Saphir.

Den Politessen kneife aus Lust in den Po.
Warum auch nicht? Denn zahlen muss ich doch sowieso.
Wenn ich glücklich bin, dann quieke ich laut vor mich hin.
Und am liebsten singe ich Lieder ohne Sinn.
Sobald die Ampel rot wird, trete ich aufs Gas.
Nur bei Grün bremse ich immer – das macht Spaß.
Dem Zahnarzt pupse ich in seinen Zahnarztstuhl hinein.
Und wenn er bohrt, dann fang ich an zu schreien.

Hände weg von meinen Macken!

Hände weg von meinen Ticks!

Meine Macken sind die Zacken

meiner schönen Seele, die du an mir liebst.

Mäkele nicht! Das macht mich häßlich.

Dabei willst du doch was Schönes neben dir.

Also lieb mich all inclusive,

und schon funkle ich für dich wie ein Saphir.

EINFACH MAL SO ZWISCHENDURCH: SCHNELLE HILFE IN LEBENSLAGEN

Immer wieder wenden sich Frauen an mich: verzweifelte, genervte Frauen; Frauen, die mit ihrem Latein am Ende sind; es haben mich gar Hilferufe von Frauen ereilt, die sich in einer Lebenslage befanden – gerade weil sie ihre Männer liebten und sich einfach nicht mit unzumutbaren Verhaltensweisen arrangieren mochten. Neulich erreichte mich beispielsweise ein erschütternder Brief mit folgendem Inhalt:

Sehr geehrte Frau Teubner!

Schon immer macht mein Mann beim Essen unappetitliche Geräusche. Mit den Jahren wird das immer schlimmer. Ich halte es nicht mehr aus. Was soll ich nur tun?

Ich musste nicht lange überlegen, ehe ich der Dame den rettenden Ratschlag erteilen konnte: Geben Sie ihm nichts mehr zu essen!

Mein Rat fruchtete; im Haus war Stille, der Mann wurde schlank, die Frau war im Glück.

>+>·<+<

Natürlich ist die Lösung von Problemen nicht immer so einfach. Oftmals verbergen sich hinter kleinen Eigenarten, unauffälligen Geräuschen, unkontrolliertem Fernseh- oder Alkoholkonsum heftige, häufig bereits in der frühen Kindheit angelegte Defizite, die einen besonders liebevollen, einfühlsamen, jedoch entschiedenen Umgang fordern.

Hier gilt mehr denn je: MÄNNER BRAUCHEN GRENZEN

Im Folgenden habe ich die häufigsten Fragen für Sie zusammengestellt; die Antworten wurden in Zusammenarbeit mit dem psychoanalytisch orientierten Institut für Männerbegrenzung entwickelt.

Mein Mann trinkt zu viel. Ohne Alkohol schafft er es eigentlich gar nicht mehr, abends ins Bett zu finden. Neben mir liegt ein wahlweise nach Wein oder Bier stinkendes Ungetüm. Diese feuchte Fröhlichkeit ist extrem unlustig und zermürbt mich. Gespräche darüber lehnt mein Mann jedoch kategorisch ab. Was soll ich nur tun?

Stecken Sie ihn in den Trockner.

><->-O-<->-<

„*Vor acht Jahren*", so erzählte mir eine etwa 40jährige, schwer depressive Dame vertrauensvoll, „*vor acht Jahren ist das Glück in Form meines Mannes zur Türe hereingekommen. Mein Mann ist immer noch da.*"

Ausziehen. (Dieser Ratschlag ist durchaus doppeldeutig gemeint; es liegt an Ihnen, sich für die ein- oder andere Lesart zu entscheiden.)

>–‹•›–◦–‹•›–‹

Auch wenn es unglaubwürdig klingt: Mehr noch als unter meinem Ehemann leide ich unter meinem Chef, einem aufgeblasenen Würstchen. Ich halte es nicht mehr aus. Soll ich kündigen?

Nein, demütigen Sie ihn durch Freundlichkeit. Bitten Sie um einen Termin und sagen Sie ganz höflich und verbindlich: „Chefchen, Ihre narzisstische Störung habe ich auch schon unterhaltsamer erlebt."

>–‹•›–◦–‹•›–‹

Mein Mann spricht nicht.

Auch wenn es drastisch klingt: Der Mensch ist nun einmal ein soziales Wesen, dessen Grundbedürfnis darin zu bestehen hat, mit anderen zu kommunizieren. Sollte ihr Mann dies grundsätzlich nicht tun, liegt der Verdacht nahe, dass er gar kein Mensch ist.

Entsorgen oder beerdigen sie ihn.

Bedenken Sie aber auch: Die kluge Frau lacht auch gerne mal alleine.

>–‹•›–○–‹•›–‹

Mein Mann meckert an allem rum. Er ist pessimistisch, nervtötend und kann einem jede Freude versauen, weil er sich als „Bedenkenträger" betätigt.

Mit Konfrontation kommen Sie hier nicht weiter. Sprechen Sie folgende Zauberformel: „Du hast recht. Du hast immer recht. Du wirst auch immer recht haben. Aber es ist irrsinnig unerotisch."

⤞⬥⚬⬥⬔

Mein Mann hat einen Ortssinn wie ein Germknödel. Selbst auf dem Weg zur Toilette verläuft er sich. Wenn er einkaufen geht, kommt er meistens erst nach Ablauf des Haltbarkeitsdatums der Milch zu Hause an, weil er sich wieder qualvoll verirrt hat. Ich mache mir Sorgen.

Sorgen bringen Sie nicht weiter und lähmen Sie nur. In den Alpen hat man sehr gute Erfahrungen damit gemacht, den Bernhardinern beim Lawineneinsatz Fässchen um den Hals zu binden. Das hat schon viele Leben gerettet und Menschen wieder zusammengeführt.

Mein Mann kauft schnell und lustlos ein. Noch bevor er eine Hose auch nur ansatzweise ausführlich in Augenschein genommen hat, hat er sich bereits für dieses Modell entschieden und aus Praktikabilitätsgründen gleich zehn Exemplare davon an die Kasse geschleppt – ungeachtet der Tatsache, dass der Hosenbund dieses undefiniert beigen Stofffetzens knapp unter den Brustwarzen endet, während die Hosenbeine den Blick auf die Knöchel und das untere Drittel der Waden freigeben. Auf meine diesbezügliche, liebevolle, zehnminütige Kritik reagiert er mit den pampigen Worten: „Was Du immer hast! Passt doch!"

Wo ihr Mann recht hat, hat er recht. Passt doch. Nur nicht zu Ihnen. Suchen Sie ihm die passende Partnerin im Polyacryl-Look, mit schmalen Lippen, strähnigen Haaren und Basedow'schen Augen.

>—•—○—•—<

Mein Mann ist in der Midlife-Crisis. Ich erkenne ihn nicht wieder und weiß einfach nicht mehr, wie ich mit ihm umgehen soll. Ich bin verzweifelt. Was soll ich nur tun?

Kein Grund zur Aufregung. Dass ihr Mann in der Midlife-Crisis ist, ist erst einmal ein gutes Zeichen; die meisten Männer rutschen nämlich nahtlos von der Pubertät in den Altersstarrsinn durch. Nicht hoch genug ist es also zu bewerten, wenn es seltene Exemplare gibt, die wenigstens mal einen kleinen Zwischenstopp einlegen. Versuchen Sie zunächst, Ihren Mann zu verstehen: Die Midlife-Crisis beim Mann ist nichts anderes als die Menopause bei der Frau, nur teurer. Sehen Sie also zu, dass Sie finanziell das Ruder in der Hand halten, kürzen Sie sein Taschengeld und erbummeln Sie sich im Gegenzug etwas Schönes.

>─◦─◦─◦─◦─<

DER KRANKE MANN

Ehe hier irgendeine Form von Zynismus aufkommt, möchte die Autorin betonen, dass sie dieses Kapitel mit unendlicher Liebe, Hingabe und in nobler Verströmung geschrieben hat. Der kranke Mann verdient dies. Denn er leidet mehr als alles sonst auf der Welt. Schon ein schlichter Schnupfen verschafft ihm eine Nahtod-Erfahrung. Der kranke Mann ist der Sprache nicht mehr mächtig. Sein gebeutelter Körper ist nurmehr in der Lage, Geräusche auszustoßen: Geräusche des Leids. Schon Zweiwortsätze wie „Oh nee!", „Oh Scheiße!" „Boh ej!" bringen das Sprachzentrum und damit auch den Mann an den Rand seiner Leistungsfähigkeit. Zumal etwas in ihm ihn zwingt, diese Laute über vierundzwanzig Stunden fortwährend zu wiederholen, um seiner schrecklichen Pein angemessen Ausdruck zu verleihen. Und das über mehrere Tage, manchmal sogar Wochen oder Monate.

Bemerkenswert dabei ist sein Bedürfnis, gleichzeitig liebevoll umsorgt und in Ruhe gelassen zu werden. Das geht, weiß der kranke Mann. Seine Frau weiß zwar nicht wie: Aber es ist wirklich nicht seine Aufgabe, sich darum nun auch noch zu kümmern. Er muss schließlich leiden. Das reicht.

Wehe also, die Frau kommt einfach so rein! Wehe, sie tut es nicht! Wehe, sie klopft. Wie aufgesetzt! Wehe, sie stellt ihm liebevoll das Mittagessen hin. Geht gar nicht! Läuft unter „Streuselkuchenterrorismus" und ist als abscheulich zu bezeichnen. Wehe, sie vergisst es. Anfassen? Streicheln? Berühren? Wie unsensibel! Die Haut schmerzt doch. Links liegenlassen? Wie kalt!

Früher war alles besser. Da waren die Sommer noch warm, die Winter waren weiß, und die Frauen waren nicht immer so cool. Die waren fürsorglich. Heute ist das alles anders. Da sind die Männer nicht mehr alleine, da sind sie einsam. Schrecklich einsam. Kein Wunder also, dass sie haltlos ins Bodenlose stürzen.

Denn es gibt ja nicht nur die Krankheiten, sondern auch die Angst vor Krankheiten. Ist der kranke Mann von Hause aus eher wortkarg, stumm und unkreativ, läuft seine Phantasie zur Hochform auf, wenn es darum geht, neue Krankheiten an sich zu entdecken: Seltene leid- und todbringende Krankheiten. Mediziner sprechen hier von der „somatoformen Störung". Im Volksmund „Hypochondrie" genannt.

Die Tage verbringt der kranke Mann vor dem Computer, um sich in all das einzuarbeiten, was ihn demnächst ereilen wird; man sieht ihn sich abtastend, heftig schluckend (ist da nicht doch ein kleiner Halsschmerz, der ja oft der Anfang vom Allerschlimmsten ist?); man beobachtet ihn mit der Lupe, seine Haut untersuchend, stets in der Gewissheit, bald den erdrückenden Beweis zu finden; man trifft ihn nur noch in abgedunkelten Räumen an, in denen er seinem Kopfschmerz zu entfliehen sucht, der in ihm bohrt und bohrt – und das, obwohl er seit Tagen und Wochen nicht mehr an der frischen Luft war, obwohl er nicht mehr schläft und nichts mehr isst (außer Zigaretten und Bier).

Eine ausgeglichene, gutaussehende, gesunde Ehefrau. Machen Sie eine schöne Reise. Tun Sie sich mit einer netten Freundin zusammen.

Nichts ist so schädlich für den kranken Mann, wie ein unausgeschlafenes Etwas, das mit Rändern unter den Augen zwischen Vorwurf und mütteristischer Fürsorge hin- und herschwappt und ihn regelrecht psychisch unter Druck setzt, zeitnah zu gesunden.

Madeira beispielsweise ist zu allen Jahreszeiten schön. Auch Korfu eignet sich hervorragend für einen ausgedehnten Urlaub; das hat sogar Kaiserin Sissi gewusst und sich wirklich alle erdenkliche Mühe gegeben, das kärgliche Vermögen ihres Gatten dort in großem Stile zu verplempern. Die Cinque Terre sind landschaftlich atemberaubend schön, aber auch das benachbarte Italien lädt zum Verweilen ein, ebenso wie die Toskana, Rom, Sizilien, Neapel, die Marken, Frankreich, Portugal, auch England hat Reize, wenn auch verregnete, sogar der Osten Europas, sogar der Osten der Welt, aber auch der Norden: Schweden, Norwegen, Finnland, ausgenommen Skandinavien und Österreich, bis hin nach Island oder Dormagen, jetzt wird es mir wirklich zu doof, genauere Informationen erhalten Sie bei den zuständigen Touristeninformationen.

DER GESUNDE MANN

Dem gesunden Mann geht seine Gesundheit über alles. Für sie verplempert er sogar das Erbe seiner Kinder. Rücksichtslos haut er es in Form von Nahrungsergänzungsmitteln auf die Kacke. Geht er auf Reisen, ist sein Koffer ein einziger Klapperatismus aus Pillen, Algen und Tupperdosen mit selbst eingeweichtem Himalayasalz. Wenn seine Kinder und seine Frau ihn brauchen, sitzt er auf der Suche nach sich selbst in dubiosen bioenergetischen Selbstfindungskursen mit Schwerpunkt auf antiallergenen Sojatrophäen.

Der gesunde Mann hat schon als Zweijähriger Zahnseide verwendet und im Eurythmieunterricht ein mit Agavendicksaft gesüßtes Vollkornhörnchen getanzt. In Zeiten, in denen seine Mitschüler die „Bravo" oder wenigstens Herrmann Hesse entdecken, vertieft er sich typischerweise in die „Apothekenrundschau" oder die atemberaubend spannende „Reformhaus aktuell".

Ich übertreibe. Das gebe ich ehrlich zu. Ich übertreibe sogar sehr. Ich lüge regelrecht. Aber manchmal packt mich die Wut, wenn ich diese biovernagelten Heinis sehe, die so tun, als wären die komplexen Probleme der Welt dadurch zu lösen, dass man Tag für Tag an seinen Chakra-Blockaden rumfummelt. Als könnte man der Vergänglichkeit Paroli bieten, indem man sich schon morgens Kurmolke in die Ohren gießt. Ich werde zum Rebellen, wenn ich auf diese Dogmatiker treffe, die es tatsächlich wagen, den wirklich Kranken ausnahmslos die

Schuld für ihre Krankheit in die Schuhe zu schieben. Und sich siegessicher durch die Reformhäuser unserer Republik wälzen.

Schwer auszuhalten. Nach der Begegnung mit solch dubiosen Gesundheitsaposteln stopfe ich meist umgehend drei Pfund Protestpommes in mich hinein. Oder Protestrotwein. Ich gebe ja zu, mich manchmal ungesund zu ernähren. Nicht zuletzt aus reinem Selbsterhaltungstrieb.

Neulich habe ich mehr oder weniger aus Zufall nach langer, langer Zeit wieder mal ein Reformhaus betreten. Ich hatte völlig vergessen, wie ausgemergelt, krank, bleich und verlangsamt diese Reformhausverkäuferinnen ihr Dasein fristen. Vor allem die männlichen Reformhausverkäuferinnen. Da beschleicht mich doch der Verdacht, dass ich mir einen Besuch im Reformhaus schon aus gesundheitlichen Gründen gar nicht erlauben darf. (Hinterher sehe ich noch genauso aus.) Im Übrigen auch aus zeitlichen nicht.

Ich habe keine Zeit, mir für jedes bescheuerte Brot einen Nachmittag frei zu nehmen, nur weil sie dort zehn Minuten brauchen, bis sie die gewünschte Ware entdeckt haben, zwanzig Minuten, bis sie sie in eine ökologisch wertvolle, moralisch vertretbare, garantiert nicht reißfeste Papiertüte gefummelt haben, eine halbe Stunde, bis sie wissen, was das kostet, und zweieinhalb Stunden, bis sie in der Lage sind, mir das Wechselgeld rauszugeben.

Ich habe keine Zeit dazu. Im Übrigen mag ich es auch nicht.

Genau wie diese vorwurfsvollen, verächtlichen Blicke, weil man mir ansieht, dass ich nur gelegentlich hier einkaufe. Meiner Haut, meiner ganzen Verfassung, meiner hektischen Ausstrahlung. Ich möchte aber hektisch sein. Wenn ich euch sehe, liebe Reformhausverkäuferinnen, möchte ich noch viel hektischer werden.

Ich möchte auch nicht so phlegmatisch vor den spärlich bestückten Regalen stehen wie ihr, liebe Reformhausstammkundinnen, mit eurem grenzdebilen „Heut-tu-ich-mir-was-Gutes"-Blick.

„Da mach ich mir einen schönen Hirse-Eintopf, auf den ich mich schon freu".

„Ach guck mal! Was ist das denn? Ein leckerer Brottrunk. Das hatte ich schon lang nicht mehr. Brottrunk."

BROTTRUNK!

BROTTRUNK!

Man kann sich doch nicht im Ernst in jemanden verlieben, der BROTTRUNK trinkt. Das kann doch nicht gut riechen, wenn du dir den ganzen Tag Sauerkrautsaft und Kurmolke oben reinfüllst.

BROTTRUNK.

Da schneide ich mir lieber ein Kilo Marshmellows ins Müsli. Ich kann auch Leute nicht ausstehen, die Hunger haben und dann noch drei Stunden ausharren, bis das Essen fertig ist. Vor allem dann, wenn ich bei denen eingeladen bin.

Ich kriege die Krise, wenn ich diese maßvollen Gesundheitsapostel das letzte bisschen Fett vom Spargel abkratzen sehe, aus Angst, irgend jemand könnte mitkriegen, dass sie zu irgendeiner Zeit gut und üppig gelebt haben. Da ess' ich doch lieber – um es mit Heiner Müller zu sagen – da ess' ich doch lieber ein blutiges Steak zum Frühstück und trinke gierig einen Liter Benzin!

Ich habe mich vergessen. Verzeihen Sie! Aber wie sonst hätte ich Ihnen die Gefahr verdeutlichen können, die vom gesundheitswütigen, bioverwirrten Mann auf uns alle überschwappt?

WAS TUN?

Schwer zu sagen. Es wäre niveaulos, ihn dazu zu verleiten, sich mit seinen eigenen Waffen zu schlagen. Aber manchmal muss man eben auch niveaulos sein. Davon können die Erfolgreichen dieser Welt ein Liedchen singen. Buchen Sie ihm also ein Selbstfindungsseminar, bei dem er eigenhändig im handgeschnitzten Ruderboot nach Brasilien rudern darf, um dort unter Anleitung eines extrem durchleuchteten Seminarleiters bei Vollmond seltene Giftpflanzen des Regenwaldes zu pflücken und (ganz wichtig!) selber auszuprobieren.

Diese Erfahrung wird für ihn einmalig sein!

Und dann Heinz Erhardt nicht vergessen:
Immer wenn ich traurig bin, trink ich einen Korn.
Wenn ich dann noch traurig bin, trink ich noch 'n Korn.
Wenn ich dann noch traurig bin, trink ich noch 'n Korn.
Wenn ich dann noch traurig bin, fang ich an von vorn.

DER LANGSAME MANN

In seiner Langsamkeit ist der langsame Mann die wandelnde Konsequenz. Sein Gebrechen betrifft sämtliche Lebensbereiche. Er guckt langsam, er schläft langsam, er arbeitet langsam, er bremst bei Orange – zum Wahnsinnigwerden!

Bei der Hausarbeit jedoch mutiert er endgültig zur Schnecke. Dabei kann man ihm nicht einmal mangelnde Hilfsbereitschaft vorwerfen: Bei der Recherche zu diesem Buch durfte ich einige Fälle kennenlernen, die in den letzten zwanzig Jahren sicherlich zwei-, dreimal zu ihren Frauen gesagt haben: Komm ... Komm.

Komm, jetzt mach ich aber mal Frühstück.

Nun ist dieses höchst komplexe Unterfangen natürlich ohne Routine kaum zu bewältigen. Ich fordere Sie als Frau ganz energisch auf, an dieser Stelle nicht direkt wieder zur Ungerechtigkeit zu neigen. Sie fahren ja auch nicht mit Schwimmflügelchen zu den Olympischen Spielen – oder mit Stützrädern zur Tour de France. Ungedopt womöglich!

Abgesehen davon gibt es auch immer wieder Ausnahmen. Auch unter den langsamen Männern gibt es solche, die es in der ersten halben Stunde bis zum Kühlschrank schaffen. Männer, die ihre Aufgabe also aktiv anzugehen bereit sind. Männer, die so kurz vor dem Ziel nur die kleinen aufmunternden Worte brauchen: Jetzt musst Du aber auch die Tür aufmachen. Glauben Sie mir: Auf Ansage machen die das. Ihr Wille ist durchaus vorhanden! Manche kriegen sogar die

Milch da raus. Aber oftmals steht ihnen dann schon wieder dieses brennende Sachinteresse im Wege. Dann vertiefen sie sich erst mal wieder für eine halbe Stunde in die Niederschrift der Zusatzstoffe. Auf Holländisch.

WAS TUN?

Machen Sie sich klar: Für Ihren Mann ist das alles sehr, sehr schwer. Denn zwischenzeitlich ist schon wieder so viel Zeit ins Land gegangen, dass er sich gar nicht mehr daran erinnern kann, was er morgens einmal vorhatte. Er träumt halt so gern.

Warum auch nicht! Wenn Sie ihn dauernd antreiben, führt das nur zu Zoff. Zoff ist doof. Zoff macht dick und griesgrämig. Im schlimmsten Falle melancholisch. Bedenken Sie: Das Leben ist doch so kurz; und wenn jetzt einer von Ihnen beiden stirbt, müssen Sie ganz alleine in dem großen Haus leben. Keine schöne Vorstellung. Dann ist vielleicht immer alles schön aufgeräumt – aber es stehen nie wieder die dreckigen Socken im Flur. Wen sollen Sie dann bitteschön anpampen, wenn Sie zu wenig geschlafen haben? Wer kennt Sie dann noch von früher, als Sie immer gesagt haben, Ihre Haare wären nicht blondiert, das wär' Natur? Und er hat es immer gewusst. Und Sie trotzdem lieb gehabt. Und Sie? Sie wollten ihn vielleicht immer nur verändern. Sie haben sich immer gewünscht, dass er ein zweiter James Dean wird. Dabei sieht er halt einfach aus wie Ottfried Fischer.

Machen Sie sich klar: Letztlich liebt man die Menschen für ihre Schwächen. Die menschlichen Schwächen machen uns Menschen so rührend. Ihr Mann wird sehr oft rührend sein.

DER NICHT GESTÖRT WERDEN WOLLENDE MANN

Jeder weiß, dass ein Mann nicht zwei Dinge gleichzeitig tun kann. Schon das Führen eines durchschnittlichen Telefongesprächs bei gleichzeitigem bloßem Rumstehen überfordert die meisten Männer derart, dass sie regelmäßig einen lassen müssen. Das ist, wie gesagt, allgemein bekannt und bedarf keiner weiteren Erörterung. Es gibt aber merkwürdigerweise eine Disziplin, in der Männer wahrhafte Meister der Gleichzeitigkeit sind: das Aushalten von Widersprüchen. Beispiel: Das Nichtgestörtwerdenwollen.

Wenn wir dem Mann nahe kommen, fühlt er sich bedrängt; wenn wir ihm nicht nahe kommen, fühlt er sich nicht geliebt. Was die kluge Frau sofort als unauflösbaren Widerspruch erkennt, gehört für den Mann so selbstverständlich zusammen wie Schnaps und Bier, Samstag und Fußball, Hering und Tomatensoße.

Wie ist das möglich? Wieso schafft der Mann sich eine Familie an, wenn er doch so gerne seine Ruhe hat? Hier die abenteuerliche Erklärung meines Mannes. Lesen Sie und staunen Sie: „Nicht gestört zu werden ist ja nur dann schön, wenn jemand da ist, der einen stören könnte."

Ich muss also da sein, damit ich nicht reinkommen darf? „Genau", sagt er, „ich komm ja auch nicht raus." Ich muss da sein, damit mein Nichtreinkommen ein aktiver Akt der Respektbezeugung vor seinem Nichtrauskommen ist? Ich muss hinter der Tür warten, mit all meiner überquellenden Liebe, und auf seine unterquellende Trockenliebe hoffen, seine prinzipielle?

Hören Sie auf zu lachen, das ist nicht lustig. Ich beantrage hiermit, dass sich nicht immer alles verändert. Ich fordere hiermit, dass nicht immer alles sachlich und nüchtern wird. Da muss ich doch nicht für heiraten. Da kann ich mich auch mit einem Staubsauger vermählen. Ich beschließe rücksichtsvoll, dass ab heute alles so bleibt, wie es angefangen hat. Überwältigend nämlich!

Warum ist es denn verdammt noch mal so schwer, den Zauber des Anfangs zu wahren? Was hat nicht alles beseelt angefangen! Die erste Wohnung. Ein 50er-Jahre-Schuhkarton. Aber meine! Also ein Palast! Der erste Job! Mein erster Auftritt! Was hatte ich für ein hinreißendes Publikum! Wie sehr haben mich Landschaften geprägt! Das erste Mal das Meer sehen: Das war ein Erdrutsch! Natürlich ist das Meer immer noch toll. Aber es ist halt auch sehr viel Wasser. Das erste Mal die Berge. Das Alpenglühen. Das erste Mal Paris! Venedig! Würselen!

Der erste Fellini-Film. Das erste Mal Pina Bausch. Überwältigt war ich. Sigi Zimmerschied. Gidon Kremer. Nessi Tausendschön. Thomas Bernhard.

Ich stand nachts kerzengerade im Bett. Natürlich sind die alle immer noch toll, aber irgendwie anders. Irgendwie weitwecker.

Wie sehr liebt man sein Kind in den ersten Sekunden! Nie, habe ich gedacht, niemals im Leben wird mir dieser kleine Mensch fremd sein, niemals werde ich ihn anschreien, genervt sein gar. Selbst von meinem Mann habe ich mit Sicherheit gedacht, dass er mich nicht nerven wird. Ich hatte Humor ...

Das war doch auch real. Ich war doch nicht bekifft. Das muss doch noch da sein. Man verlässt doch eine Zeit nicht, indem man in eine neue tritt. Und wenn es jetzt wirklich stimmt, dass beides stimmt: das Schöne und das – sagen wir mal vorsichtig – das nicht ganz so Schöne (wobei man Letzterem sehr oft den Vortritt überlässt), dann könnte man doch auch einfach mal die Uhren auf Anfang stellen. Auf Glück sozusagen.

Und wenn man nicht ganz so glücklich ist, dann tut man wenigstens so. Schlechter wird es bestimmt nicht –sofern Sie zu denen gehören, deren Liebe nicht von der ersten Sekunde an dazu verdammt war, in eine Sackgasse zu münden. Ich spreche in Rätseln? Folgendes Fallbeispiel hilft beim Verständnis.

EIN FALLBEISPIEL: OLGA UND HOLGER

oder ZWEI LEBEN IN DER SACKGASSE

Der liebe Gott hat gut reden: Der sitzt im Himmel und darf sich das ganze Spektakel von oben angucken. Wenn ich mich von oben ansehen würde, müsste ich wahrscheinlich auch nicht so viel Unsinn anstellen. Da wäre ich auch weitsichtig und weise.

Ich stelle mir das ziemlich lustig vor: Sieben Milliarden Menschen wuseln durcheinander, und plötzlich lösen sich völlig unvermittelt zwei aus der Menge. Zwei, die wirklich gar nichts miteinander am Hut haben. Zwei, denen man schon von Weitem ansieht, dass der Tag kommen wird, an dem sie sich die Birne einschlagen und sich nicht mehr die Butter aufs Brot gönnen, laufen aufeinander zu und machen: Küss-küss-küss-küss! Nennen wir sie Olga und Holger.

Jetzt kommt die Zeit, in der Olga und Holger durch die Gegend rennen und unerträglich werden. Unentwegt gucken sie bedeutungsschwanger rum, als erlebten sie gerade etwas sensationell Wesentliches. Etwas, was die Menschheit wirklich weiterbringt. Dabei kann der liebe Gott wahrscheinlich schon lange von oben sehen, dass sie nur die Paartherapeuten weiterbringen werden. Und das auch nur finanziell. Und die Scheidungsanwälte. Aber ich greife vor.

Erst einmal küssen sie den ganzen Tag. Sagen immer das Gleiche. Als hätte ihnen Hera Lind die Dialoge geschrieben: „Der Holger/die Olga ist einfach unheimlich süß". Süß. Was für ein Segen, dass die Geschmäcker verschieden sind. Holger/Olga ist nicht süß. Auch nicht sauer. Holger/Olga ist doof. Würden sie sonst einen derartig geballten Unsinn reden? „Ich kann noch nicht sagen, wo das hingeht, aber es fühlt sich unheimlich leicht an. Ich bin einfach ich. Ich muss mich nicht mehr verstellen." Schade eigentlich.

Irgendwann geht es irgendwohin. Nach Mönchengladbach zum Beispiel, in eine Zweizimmerwohnung. Selbst zu diesem Zeitpunkt verkünden Holger/Olga dieses durch und durch gewöhnliche Ereignis als Sensation. Noch. Einmal in Mönchengladbach angekommen, ist dann aber auch ziemlich schnell Schluss mit Verstellen. Da sind Holger/Olga ganz schnell sie selbst. Folglich ist auch Schluss mit guter Laune. Schluss mit dem grenzdebilen Lächeln vor Bewunderung, weil Holger/Olga es geschafft hat, eine Tütensuppe aus ihrer Verpackung zu befreien. Oder einen Liter Wasser bis zum Siedepunkt zu erhitzen, ohne dass es anbrennt. Oder sich Kose-Schnurzel-Hase-Schatz-Namen um die Ohren zu hauen.

Hätten Holger/Olga Humor, hätten Sie sich längst durch dieses Buch gequält und lustvoll an sich gearbeitet. Dann wären sie fröhlich, und alles wäre gut. Holger/Olga haben aber keinen Humor. Deshalb ist atmofinster in Mönchengladbach. Oder in Olpe. Egal. Holger/Olgas haben das Zeug zur flächendeckenden Ausbreitung. Es haben sich sogar schon Holger/Olgas nach Berlin Kreuzberg verirrt. Nach Köln-Nippes, Oldenburg oder Stuckenborstel. Egal wo sie sind: Ab jetzt wird gemeckert, gezickt, gegeizt, genervt, beschuldigt.

WAS TUN?

So Sie Holger/Olga kennen, schenken Sie ihnen dringend dieses Buch und vergessen Sie nicht, keine Grüße von mir auszurichten.

So Sie sie nicht kennen, tun Sie alles dafür, sie niemals kennenzulernen.

DER GEMOBBTE MANN

Natürlich gibt es auch den allein gebliebenen, olgafreien Holger. In der Regel ist er noch anstrengender, weil er keine Olga hat, auf der er sein Genöle abladen kann. Sie kennen ihn. Ich kenne ihn. Alle kennen ihn. Leider. Nennen wir ihn Thorben!

Mein Thorben (46) verfolgt mich, seit ich denken kann; der war schon immer doof, der war so doof, dass er schon in der Krabbelgruppe sitzen geblieben ist. Der war wahrscheinlich schon als Sperma ein Arschloch. In der Grundschule war er eine Petze der ersten Stunde. Im Gymnasium war er dann eher so ein Typ, der aus Rücksicht auf die Natur und seine Seele darauf verzichtete, seinen Führerschein zu machen. Stattdessen ließ er sich von seinen Mitschülern herumkutschieren, um ihnen unterwegs detailliert auseinanderzulegen, was sie für Umweltsäue sind, indem sie ein Auto benutzen. Und da er sie immer Umwege für ihn fahren ließ, hatte er viel Zeit dazu.

Thorben war jemand, der mit Menschen eigentlich nur sprach, um recht zu behalten. Um ihnen ihre moralischen Verfehlungen zu beweisen. Und zu gucken, ob sie irgendeinen betriebswirtschaftlichen Nutzen für ihn haben könnten. Aber selbst dazu war er meistens zu doof. Den hätten sie sogar bei der FDP nicht genommen.

Wieder getroffen habe ich meinen Thorben an einem verregneten Nachmittag im Cinemaxx in Düsseldorf. Das Kino war gähnend leer. Von 800 Plätzen waren 780 frei. So setzte ich mich wahllos irgendwo in die Mitte. Da näherte sich in letzter Minute plötzlich aus dem Dunkel eine Gestalt und sagte: „Sie sitzen auf meinem Platz." Und das war der Thorben.

Mit einem großen Schild auf der Stirn: Die Welt ist schlecht, und alle anderen sind schuld!

Ein Thorben ist vom Leben benachteiligt. (Sagt er.) Und zwar ab der ersten Stunde. (Glaubt er.)

Die Schönheit der Welt konnte er niemals sehen, da er hinterhältigerweise kurzsichtig war und Berichten seiner Mutter zufolge schon mit einer Brille geboren wurde. (Sagt sie.) Genau genommen mit einem Kassengestell. Ganz genau genommen mit einem Kassengestell von Fielmann. (Auslaufmodell, sage ich.)

Alles das wäre gar nicht schlimm. Viele Menschen haben Brillen, gucken attraktiv da durch und werden sogar Führungspersönlichkeiten von ortsansässigen Modehäusern oder im Bundestag.

Kein Grund zur Beunruhigung also.

Für einen Thorben aber, der sich nur über sein Unglück definieren kann, ist es der Anfang vom Ende. Wobei das Ende seines Lamentos nicht in Sicht ist. Egal, worum es geht: Das Leben hat einen Plan mit ihm. Und zwar einen hinterhältigen, bösartigen, gemeinen Plan; und der liebe Thorben wird nicht müde, es täglich meckerig und frustriert in die Welt zu posaunen.

So weit, so schlecht.

Einem ehemaligen Mitschüler kann man aus dem Weg gehen. Klassentreffen kann man absagen, und Kinos gibt es viele. Was aber, wenn sich der eigene, frisch angetraute Ehemann als Thorben entpuppt?

DER VERTHORBTE MANN

Stellen Sie sich doch nur einmal vor, Sie sind frisch verheiratet, haben das Jahr davor in grenzdebiler Verliebtheit verbracht und befinden sich nun auf Hochzeitsreise. Der Mai zeigt sich von seiner besten Seite: überbordende Blütenpracht, lauthalsiges Vogelgezwitscher, blauer Himmel – alles im Lack.

Eigentlich.

Wäre nicht Ihr Mann dabei. Wie schön könnte eine Hochzeitsreise sein, wenn man sie alleine verbrächte. Leider ist das in unseren Breiten unüblich. Schade eigentlich. So sitzt der verthorbte Mann neben Ihnen und lamentiert. Von morgens bis abends und am liebsten dann, wenn es gerade schön ist.

Den Frühling hat der liebe Gott nur angeschafft, um ihn mit Pollen und Gräsern zu quälen, ein Mückenstich hätte ihn beinahe dahingerafft, das Fleisch ist nicht durch, Italien überteuert, das Zimmer zu laut, das Meer zu kalt und der Südländer als solcher schlecht von Charakter.

Außerdem sind zu viele Touristen da, die ihn wiederum an seinen Chef erinnern, welcher ebenfalls schlecht von Charakter ist, genau wie sein Vermieter, der sehr schlecht von Charakter ist, weil er ihm eine dunkle Wohnung überteuert vermietet hat, eine fatal dunkle Wohnung mit hintenraußer Terrasse. Ein gemeiner, verheerender Vermieter also, genau wie sein Arzt, der ebenfalls sehr, sehr schlecht von Charakter ist, weil er sich weigert, ihm eine Kur zu verschreiben. Sicherlich steckt der charakterlose Arzt mit dem charakterlosen Chef und dem fatal charakterlosen Vermieter unter einer Decke, von den extrem charakterlosen Mitarbeitern ganz zu schweigen, jene charakterlose Meute, denen das Wort Solidarität ein Fremdwort ist, bla, bla, bla. Egal, was sie ihm raten, er wird ihnen vorrechnen, was Sie alles nicht bedacht haben, und wortreich erläutern, warum sein schlechtes Leben genau so sein muss, wie es ist: schlecht bis sehr schlecht nämlich. Im Übrigen regnet es in Italien ja ausschließlich, weil Sie mit ihrem charakterlosen Wäschetrockner so viele Wolken gemacht haben. Pfui Teufel! Schämen Sie sich!

Mit klugen Worten kommen Sie nicht weiter. Sie werden auf Schaumstoff beißen. Auch hier ist eine einlullende Melodie, kombiniert mit klaren Handlungsanweisungen das Mittel der Wahl. Ich persönlich habe mich für einen schmeichelnden Walzer entschieden; Sie können es aber auch auf die Melodie von „Hoch auf dem gelben Wagen singen".

Da ich davon ausgehen muss, dass Sie nicht mehr wissen, wie Theodor Heuss geguckt hat, als er uns in Wirtschaftswunderzeiten mit diesem Lied tyrannisierte, reicht es auch aus, wie Angela Merkel dreinzublicken: Mundwinkel runter, Hände in Bauchnabelhöhe an den Fingerspitzen zusammenlegen und huhnartige Ruckbewegungen mit dem Kopf und 1-2-3-4:

Versuch es doch mal mit 'nem Selbstmordversuch!
Bei Frauen kommt Selbstmord gut an.
Denn nichts liebt die Frau so sehr wie den Mann,
den sie selbstlos mit Ratschlägen retten kann.

Dann kommst du in ein Krankenhaus,

und dort sind sie alle ganz lieb:

die essgestörten Krankenschwestern

mit ihrem Helfertrieb.

Oder:

Versuch es doch mal mit Medikamentenmissbrauch!
Leih dir Geld für ein Gramm Heroin.
Schmeiß dir Schlaftabletten und Valium ins Müsli,
dann kannst du dem grausamen Alltag entfliehen.
Versuch es doch mal mit einem schizophrenen Schub,
der gibt dir einen Hauch von Esprit.
Denn einen Mann, der in mehreren Farben schillert,
Vergisst eine Frau gar nie.

Machen Sie sich allerdings keine allzu großen Hoffnungen. Bei derart eingefahrenen Strukturen müssen manchmal fundamentale Veränderungen her. Ein Auslandsjahr beispielsweise. Ein freiwilliges soziales Jahr als Diktator. Möglicherweise sogar ein ganzes Jahrzehnt.

Auch wenn Sie ihre Ehe als gescheitert betrachten müssen: Lassen Sie Thorben anstandshalber an dieser Schwelle zur Entscheidung nicht alleine; die wenigen ausgeschriebenen Stellen in diesem Metier sind rar, und für seinen Geha-Füller gibt es gemeinerweise keine Patronen mehr.

Helfen sie ihm also. Stehen Sie ihm mit Sprachgewalt und Pelikan zur Seite, wenn er sich bei seiner Bewerbung abmüht:

Sehr geehrte Damen und Herren!

Mit Interesse habe ich Ihre Stellenausschreibung als Diktator gelesen, für die ich mich hiermit bewerbe. Für Ihr Amt bringe ich beste Voraussetzungen mit. Schon als Kind habe ich eine Ausbildung zum Oberarsch absolviert und Ausgrenzung ausschließlich mit körperlicher Gewalt erwidert. Diese Tendenz konnte ich bei meiner Frau und meinen Kindern erfolgreich fortsetzen. Von jeher familiär protestantisch beschnitten, würde ich mich auch in einem Erdloch zurechtfinden.

Mit verbindlichen Grüßen, hochachtungsvoll ... usw.

Hut ab. Thema erledigt. Thorben weg, neues Spiel neues Glück. Fläschchen auf, Kostümchen an, auf die Piste zwei, drei:

Wer wird denn weinen, wenn man auseinandergeht,
wenn an der nächsten Ecke schon ein anderer steht?

ANSATZWEISE GEHALTVOLLES INTERMEZZO OHNE ABSCHLIESSENDE ERKENNTNISSE

Sollte es Ihnen tatsächlich gelingen, Ihren Mann im Ausland als Diktator zu entsorgen, wüsste ich äußerst gerne, wie Ihnen das gelungen ist. Ansonsten muss ich davon ausgehen, Ihnen mit dieser Geschichte einen Bären aufgebunden zu haben und eigentlich etwas ganz anderes gesagt haben zu wollen. Und zwar:

DEN LEBENSLÜGEN SIND KEINE GRENZEN GESETZT!

Ist es nicht leider so? Wie oft belügen wir uns! Wie oft haben wir das Gefühl, wir hätten etwas Substanzielles begriffen – und schwupp! haben wir schon wieder irgendwelche komischen Ängste über irgendwelche komischen Strukturen gepappt.

Warum lieben wir? Warum heiraten wir? Warum setzen wir Kinder in die Welt? Was bedeutet uns mehr: Ruhm oder Zufriedenheit? Sex oder Geld? Das Leben ist so was von kompliziert. Unsere gesellschaftlichen Rahmenbedingungen für rechtmäßig empfundenes Glück sind so verdammt eng gesteckt, dass man oft überhaupt nicht mehr weiß, was man wirklich will. Oder was man schon wieder zu wollen hat.

Wenn beispielsweise eine 40jährige alleinstehende Frau ohne Kinder dreist behauptet, sie sei glücklich, dann wissen wir alle ganz genau: Das kann doch nur der Therapeut ihr eingeflüstert haben. Das kann doch gar nicht sein. Aber warum eigentlich nicht? Warum soll die denn unglücklicher sein als diese Nerzmantelgespenster, diese einsamen Industriellengattinnen, diese gelifteten Feinkostgeräte mit ihren vier gestörten Einzelkindern? Da gibt es wahrlich keinen Grund zu.

Hüten Sie sich also davor, Ihr Glück in Frage zu stellen, nur weil die Welt (Fernsehen, Kino, Frau von der Leyen, die Gala und Ihre Cousine) Ihnen glauben machen möchte, für Sie hätte auch was Erfolgreicheres, Attraktiveres, Besseres dringelegen. Pustekuchen. Mag schon sein, dass Ihr Mann manchmal nervt. Aber vergessen Sie nicht:

DIE ANDEREN SIND ALLE GENAUSO!

MATRATZENKÖNIGE
(An verregneten Sonntagen zu singen)

Ich wache müde auf und hör' den Regen an den Scheiben,
ein kurzer Blick durch's Fenster reicht um liegen zu bleiben.
Nasse Katzen streunen einsam durch den kalten Wind,
manchmal huscht ein Regenschirm vorbei und mit ihm ein Kind.
Im Nachbarhaus knallt eine Tür, von fern hört man Geschrei.
Ich halt mir beide Ohren zu, dann ist's mir einerlei,
da schlägst du deine Augen auf und lachst mich freundlich an,
bislang hat dir der böse Sonntag noch nichts angetan.
Auf einmal bin ich für die kalte Welt da draußen blind,
weil wir Matratzenkönige sind.

Wir fangen langsam an, uns unsere Festung zu bauen,
ohne auch nur kurz auf unseren Schreibtisch zu schauen,
denn da wartet leider eine ganze Menge Papier.
Doch Papier kann nicht reden – also ab dafür.
Du hast mir grad' das erste Frühstück aufgetischt,
da hat Miss Marple schon den dritten Mörder erwischt,
denn die ist clever, nur uns, uns wird sie nicht kriegen,
weil wir selig in unseren Betten liegen.
Vielleicht wütet draußen nur der eisig kalte Wind,
weil wir Matratzenkönige sind.

Der Zeiger auf der Uhr wandert langsam nach vorn,
bestimmt sind heut' schon mehr als tausend Kinder geboren,
auf den Straßen haben sich schon Autos gerammt,
in den Städten stehen Menschen vor dem Standesamt,
in New York hat ein Star ein Flugzeug verpasst,
ein kleiner Gauner sitzt seit heute früh um sechs im Knast.
Das hat er sich nun wirklich selber zuzuschreiben,
er könnte ja genau wie wir zu Hause bleiben.
Was er erleben muss, ist uns gewiss nicht bestimmt,
weil wir Matratzenkönige sind.

Draußen wird es dämmrig, immer noch fällt der Regen,
doch inzwischen haben wir überhaupt nichts mehr dagegen.
Der Regen da draußen macht doch nur die anderen nass,
doch wir sind im Warmen, und wir haben unseren Spaß.
Wir plappern und wir machen, was man sonst so tut.
Ein paar Krümel pieksen uns, und unser Übermut
lässt uns fragen, was am Ende dieses Tages steht:
vielleicht ein Lied, vielleicht ein Baby, vielleicht auch ein Gebet
für die Nacht; noch im Traum sind wir stolz wie ein Kind,
weil wir Matratzenkönige sind.

DIE LIEBE IM ALTER

Ehe Sie sich weiter mit den gegenwärtigen Problemen Ihres Ehelebens herumschlagen und möglicherweise falsche, irreparable Schlüsse ziehen, möchte ich Sie unsanft darauf hinweisen, dass der ganze romantische Liebes- und Ehequatsch in Zeiten erfunden wurde, als die Menschen mit durchschnittlich fünfzig Jahren den Löffel abgaben – oder wahlweise ins Gras oder andere Pflanzen bissen. Da Ihr Mann hoffentlich weder das eine noch das andere zu tun beabsichtigt, sehe ich mich genötigt, gemeinsam mit Ihnen darüber nachzudenken, wie die Liebe dauerhaft bleibt.

Die Grundvoraussetzung dafür haben Sie gelesen und verinnerlicht; Sie wissen Ihren Mann in Ihren liebevoll gesetzten Grenzen aufgehoben und sorgen mit weiblicher Intelligenz dafür, dass er das nicht merkt. Gesetzt den Fall also, Sie gehören zu denen, die die ersten 15, 20, 25 Jahre im Großen und Ganzen erfolgreich gemeinsam hinter sich gebracht haben und nun auf die wohlverdiente Extrempassivität zusteuern, sollten Sie sich ab diesem Moment intensiv mit der Frage befassen, wie Sie auch im Alter füreinander attraktiv bleiben.

GRUPPOPHOBIE

Es gibt Menschen, die sich im Zustand höchster geistiger Verwirrung zu der ganz und gar absurden Behauptung versteigen, es sei gut, so aktiv wie möglich alt zu werden. Ein dummer Satz. Für wen soll das gut sein? Für die Alten, die sich wie einst Sisyphos mit unendlichen Wiederholungen ewig gleicher, dafür aber komplett sinnfreier Bewegungen abmühen (Aquajogging, Power-Yoga, Tai-Chi-Ping-Pong-Dong)? Oder für die anderen, die sich das ansehen müssen? Im Übrigen: Wie soll eigentlich die vielbeschworene Energiewende klappen, wenn sogar die Alten durch blödsinnigen Aktivismus die letzten Ressourcen vergeuden?

Lassen Sie sich nichts einreden! Tun Sie das einzig Richtige: Seien Sie gänzlich inaktiv! Sitzen Sie mit Ihrer leichten, sympathischen, vorteilhaften Demenz in Ihrer Lieblingsecke. Genießen Sie endlich die Zeit, in der Ihre Knie Sie arthrosegerecht in die Sessel pferchen. Sie können sitzen und werden nicht mehr repräsentieren müssen. Sie HABEN geleistet!

Leider jedoch wird die Aktivitätslüge nicht mehr nur von verwirrten Einzeltätern verbreitet – nein: Es gibt inzwischen eine regelrechte Verblödungsindustrie, die uns weismacht, man könne (und solle) den an sich beglückenden Prozess der zunehmenden Retardierung im Alter aufhalten. Eines ihrer schlimmsten und gefährlichsten Produkte: Studienreisen! In Gruppen!!

Jeder kennt sie, doch keiner traut sich angesichts ihrer Übermacht, auch nur leise gegen sie aufzumucken: Jene flieder-ocker-beigen homogenen Breie aus Menschen, Anoraks und Kölnisch Wasser, die sich zementgleich über alle Raststätten der Welt ergießen und dort jegliches Vorankommen unmöglich machen. Und zwar immer, wirklich immer über jene Raststätten, die Sie gerade aufgesucht haben. Immer und mit größter Zuverlässigkeit ist genau dann, wenn Sie Ihrem Harndrang beim besten Willen nicht mehr standhalten können, wenige Zehntelsekunden vor Ihnen der Studienreisenmenschenbrei aus dem Reisebus geflossen, verstopft Sanifair und kriegt den Euro nicht in den Schlitz. Und damit die Studienreisenmenschen an der nächsten Raststätte wieder ordentlich pullern müssen, sind sie auch wieder gerade vor Ihnen an der Kaffeemaschine.

Hier kann nur zum Protest aufgerufen werden: Genossinnen und Genossen, leistet Widerstand! Lasst Euch nicht verbiegen! Bleibt gruppophob! Hier erweisen sich die glücklichen Paare als eindeutige Gewinner: Stark genug, um Gruppen eins überzubraten – aber eben nicht allein. An dieser Stelle ein Hoch auf die Frauen, die ihre Männer mit liebevoller, strenger Hand in die Gefilde des Alters gelotst haben. Aber auch ein Hoch auf die Männer, die sich nach 30, 40, 50 Jahren in buddhistischer Erkenntnis der Weisheit ihrer Frau gefügt haben und jeden aufkeimenden Impuls zur Auflehnung zu ersticken trachten. Jene Paare eben, bei denen aus Liebe Freundschaft und aus Freundschaft wieder Liebe geworden ist.

VERHEERENDES GEHIRNJOGGING

Wer sich allerdings der kollektiven Verblödung in Studienreisegruppen verschließt, den erwartet an der nächsten Ecke die individualistische Variante. Noch heimtückischer, noch gefährlicher und vor allem: noch unästhetischer. Die Rede ist von Gehirnjogging. Stellen Sie sich das mal vor: Sie haben viel Böses gedacht in Ihrem Leben. Und davon ist zwingend auszugehen: Weder hätten Sie dieses Buch sonst gekauft, noch hätten Sie Freunde, die Ihnen derartige Bösartigkeiten schenken. Zurück zu Ihren bösen Gedanken und dem Gehirnjogging: Nicht auszudenken, was da plötzlich alles rausschwappt! In zehn Jahren gibt es wahrscheinlich den Köln-Marathon nicht mehr. Dann machen alle den Köln-Gehirnjogging-Marathon. Wie ekelhaft! Und stellen Sie sich vor, wer da alles mitläuft: Ursula vo... Richard Ro... Achim Fr... pfui Teufel!

Mal im Ernst: Warum soll ich meine Zeit mit dem Vervollständigen idiotischer Zahlenreihen oder dem Aufsuchen der Wörter „Haus", „Säge" und „Torte" in einem Wust von Buchstaben vertrödeln, wenn es so viel Schönes zu tun gibt? Sitzen zum Beispiel. Oder Horchen. Kauen, Schlucken, Pupsen, was weiß ich? Und wenn ich schon etwas suche, dann doch lieber den Schlüssel! Geistige „Fitness" wird doch maßlos überschätzt! Glauben Sie mir: Je weniger Sie mitbekommen von dem ganzen Elend in der Welt, desto ausgeglichener werden Sie. Es kann nur ein Ziel geben: Erleuchtung durch

Vergessen! (Die meisten Männer haben das längst begriffen.) Auch auf die Ehe trifft das in hohem Maße zu.

Ich persönlich jedenfalls weiß jetzt, was ich später mache: Ich werde einfach den ganzen Tag im Liegestuhl sitzen und in die Absichtslosigkeit starren. Ich fange an zu kiffen und kaue Bonbons. Mit falschen Zähnen. Und schon geht's wieder zurück in die Absichtslosigkeit. Und dann überhöhe ich das alles, indem ich es als buddhistische Grundhaltung auslege. Wenn man sich dem Buddhismus zugewandt hat, muss man nicht mehr intellektuell auf dem Zenit sein und Filme im Original mit Untertitel gucken. Immer schön auf Deutsch. Und nicht zu anspruchsvoll. Und wenn ich mal was nicht weiß, dann gucke ich immer wesentlich rum und sage nichts. Genau wie Sie. Dann denken alle immer: „Ah." Und schämen sich, weil sie schon wieder den ganzen Nachmittag profanes Zeug geredet haben. Ich aber schweige. „Stille Wasser gründen tief", denken alle. Die wissen ja nicht, dass auch verschlossene Schränke vorzugsweise leer sind.

Das Alter bietet so viele Möglichkeiten. Und vergessen Sie nicht: Wir Alten werden in der Überzahl sein. Und zwar wir alten Frauen.

Ha!

Wie herrlich muss es sein, dem Jugendwahn entwischt zu sein. Nicht immer dieser Kampf gegen das unsichtbare Übergewicht! Nicht immer diese Spielchen! Wie schön wird es sein, weil wir uns endlich so gut kennen, dass wir nicht mehr auf diese ätzenden Spielchen angewiesen sind. Nicht immer mit jungen schönen sexy Männern auf dreckige, versiffte, billige Campingplätze. NEIN! Lieber mit meinem abgewrackten, gammeligen, röchelnden, aber durcherzogenen und zahlkräftigen Gatten in überteuerte, mondäne Badeorte. Was für eine zauberhafte Vorstellung!

Endlich kann man mal so sein wie man schon immer war. Es sagen ja immer alle, dass sich die Macken im Alter verstärken. Das ist doch völliger Quatsch. Die Macken waren schon immer da. Man traut sich nur damit zu leben. Weil die Zeit viel zu knapp wird, um sich unablässig zu verbiegen.

Und was meinen Sie, was das für einen Spaß macht! Früher habe ich mich oft verbogen. Ich habe mich sogar aus Verbiegungsgründen zum Flunkern hinreißen lassen! Einfach aus Not. Weil ich mich nicht abgrenzen konnte. Weil ich nicht nein sagen konnte. Wenn früher beispielsweise Kinder geklingelt haben, zum Gripschen an St. Martin, wenn sie von Tür zu Tür gegangen sind, um Süßigkeiten zu bekommen, und ich hatte gerade nichts im Haus, dann habe ich oft gar nicht die Tür aufgemacht. Ich habe mich ganz still ins Dunkel gesetzt und gehofft, sie merken nicht, dass ich zu Hause bin. Was meinen Sie, wie ich mich über das Geklingel freue, wenn ich alt bin! Dann stürze ich mit meinem Rollator zur Tür, und wenn ich dann in die erwartungsvollen Gesichtchen schaue, in die kleinen Sternenäuglein, dann sage ich: „Ja, selbstverständlich hat die Tante was für euch!" Und schon krame ich aus meinen alten Manteltaschen zwei, drei verklebte Bonbons. Mit Haaren dran. Und Sand. Sanddorn-Haarbonbons. Und ich bestehe darauf, dass sie direkt probieren. Altwerden kann wundervoll sein!

LIEBST DU MICH NOCH
(Im beigen Anorak zu singen)

Liebst du mich noch, wenn ich alt und verschrumpelt
mit 'ner beigen Mütze durch die Straßen humpel,
wenn ich mit lila Minipli an der Kasse stehe,
meine zitternden Hände das Wechselgeld nicht sehen?

Liebst du mich noch, wenn mein dicker Arsch in Falten
hinter mir herschwappt wie bei anderen müden Alten,
wenn ich den Champagner aus Schnabeltassen trinke
und in einer Wolke von 4711 versinke?

Schnupperst du noch gern an mir, wenn ich mal eine paffe
und gelegentlich den Weg zur Toilette nicht mehr schaffe?
Hältst du noch zu mir, wenn ich laute Kinder hasse
und das Erbe meiner Enkel im Grandhotel verprasse?

Liebst du mich noch, wenn mich mein Pünktlichkeitswahn
viele Stunden an das Gleis treibt, bevor die Züge fahren?
Findest du mich sexy, wenn ich in den Hörer schreie,
als wären die am anderen Ende Unterwasserhaie?

Liebst du mich, wenn ich mich schnarchend an dich schmiege,
wenn ich bei Rosamunde Pilcher feuchte Augen kriege,
wenn ich den jungen Leuten meine Krücke in die Speichen
            stecke,
so ich sie mit dem Fahrrad auf dem Bürgersteig entdecke?

Begehrst du mich, wenn mich mürrisch und beleibt
die senile Bettflucht aus den Federn treibt?
Lächelst du mich an, wenn ich dich morgens um sechs wecke,
wenn ich die CDs mal wieder in den Toaster stecke?

Lauerst du im Dunklen, um mich zärtlich zu erschrecken?
Freut es dich, mich morgens mit Kaffee zu wecken?
Reißt du mir die Kleider von meinem alten Leib?
Schmeißt du mich aufs Bett aus purer Lust am Zeitvertreib?

Sagst du mir dann immer noch: Ich lieb dich wie du bist.
Flüsterst du mir leis ins Ohr: Ich hab dich so vermisst.
Kraulst du mir dann zärtlich meinen faltigen Nacken?
Feuerst Du mich an, in die Geranien zu kacken?

Ja! Du wirst es tun, denn du bist selber ziemlich gaga,
dein Hirn geschrumpft, dein Herz ganz weit, dein Körper
            nicht grad' mager,
dein Kurzzeitgedächtnis seit geraumer Zeit am Pennen,
deshalb lernst du mich und andere täglich frisch aufs Neue
            kennen.

DAS WICHTIGSTE IN KÜRZE

1. Studienreisen sind ein Ärgernis, aber nicht nur zu verfluchen. Sie können dort einmal für geraume Zeit Ihren Mann zwischenlagern und sich selber aufs Trefflichste erholen. (Gerade Testosteronflecken gehen so besonders gut raus.) Die weibliche Männerpädagogik spricht in diesem Zusammenhang von der „Studienreise als Abklingbecken."

2. Es gibt auch 80-jährige Arschlöcher. Die Arschlochdichte ist in allen Generationen gleich groß.

3. Die Anderen sind alle genauso.

DER FÜR IMMER ZIGARETTEN HOLEN GEHENDE MANN

Keiner will alt werden. Warum eigentlich nicht? Was ist denn bitte die Alternative?

Irgendwann werden die meisten von uns hoffentlich so alt geworden sein, dass die Hoffnung sich in Erinnerung verwandelt hat. Und dann haben wir doch die verdammte Pflicht, dafür zu sorgen, dass die schön ist. Dass wir, von Rillen durchfurcht, auf ein Leben zurückblicken, das sich wenigstens in seinen Grundzügen von dem einer Porreestange unterscheidet.

Es wird Zeit, ein paar grundsätzliche Überlegungen über die Zeit anzustellen. Die meisten Menschen gehen von der Annahme aus, dass sich die Zeit aus Vergangenheit, Gegenwart und Zukunft zusammensetzt. Das stimmt so nicht. Zumindest nicht immer und nicht an allen Orten. Damals, vor dem Urknall (die Älteren werden sich erinnern), gab es beispielsweise noch überhaupt keine Zeit. Die Elementarteilchen kreisten gedankenlos umeinander, und es dauerte eine halbe Ewigkeit, bis eines von ihnen auf den Gedanken verfiel, dass dies eine ungeheure Zeitverschwendung sein könnte. Vor der Erfindung der Zeit steht also die der Zeitverschwendung.

Dann trat der Neandertaler auf den Plan. Er hatte nichts zu verschwenden, erst recht keine Zeit. In ewiger Hektik jagte er dem Mammut hinterher und hatte keinen Gedanken für die Zukunft übrig. Dann, abends, beim Grillen des Mammuts auf dem Lagerfeuer, packte er die ewig gleichen Geschichten aus.

Aus Langeweile. (Grillen Sie mal ein Mammut, dann wissen Sie, wovon ich rede.) Die Neandertalische Literatur, so reich sie in ihren Formen gewesen sein mag, lässt sich inhaltlich auf zwei Kernsätze zurückführen:

1. Die da oben machen sowieso, was sie wollen.
2. Früher war alles besser.

Der Neandertaler war ein Meister im Verklären der Vergangenheit – kein Wunder, schließlich war der Neandertaler ein Mann. Aber dazu später mehr.

Die alten Ägypter kannten überhaupt nur die Gegenwart. Die Tätigkeit der ägyptischen Geschichtsschreiber beschränkte sich darauf, den jeweils amtierenden Pharao dafür zu loben, dass sich unter seiner Regentschaft mal wieder nichts, aber auch gar nichts geändert habe. Zu anderen Zeiten und an anderen Orten war es wieder anders.

Wir Deutschen arbeiten derzeit sehr erfolgreich an der Abschaffung der Gegenwart. Und zwar (klingt paradox, ist aber so) ausgerechnet durch ihre konsequente Schonung. Ich wage an dieser Stelle zu behaupten, dass es wenige Mentalitäten gibt, die ihre kostbare Zeit und ihre Lebensqualität derart konsequent verplätschern wie wir Deutschen. Ich muss sagen: Das hat regelrecht Grandezza. Wie rücksichtsvoll wir Deutschen mit der Gegenwart umgehen: Das verdient Respekt!

Alle warten immer ganz höflich darauf, dass die Gegenwart gar nicht belastet wird. Alle Wünsche werden in die Zukunft projiziert. Die Zukunft wird es bringen: Sie wird die Wunden heilen, wird den richtigen Mann bringen. Sie bringt die

Kinder und macht, dass sie durchschlafen. Sie bringt den ersehnten Job, die bessere Wohnung, die größere, die schönere, die abbezahltere: Alle warten darauf, dass die Zukunft leibhaftig zur Türe hereinspaziert kommt. Die kommt aber nicht. Die ist ja nicht doof. Und irgendwann kommt der Tag, an dem klar wird, dass das Leben nicht immer besser, sondern immer schlechter wird. Und schlagartig wird die Vergangenheit verklärt, die leider niemals stattgefunden hat.

Wie in der schönen Fernsehsendung, die es in dieser Form leider nicht mehr gibt: „BITTE MELDE DICH". Diese durch und durch poetische Vermisstensendung, wo meist ein sächsisch angehauchter Zurückgelassener in die Kamera wimmerte: „Hälmud bidde mälde disch. Mir ham doch ds Baradies uff Ärden gehobt. Der Abndbrodtisch is immo füa disch gedeckt, und isch moche och jeden Abnd die Läbbaworschbrodsubbe, die isch uffn Dod nisch ausstehn gon."[1]

Und dann guckte der Moderator immer ganz betroffen und mitgenommen rum und forderte den Läbbaworschbrodsubbenmenschen auf, den Zuschauern noch einmal zu erzählen, was an jenem denkwürdigen Abend geschah, an dem der Vermisste für immer Zigaretten holen ging:

„Denken Sie nach. Können Sie sich an irgendetwas erinnern? Ist etwas vorgefallen? "

„Nein, es war nüschts."

„Bei Ihnen war nichts?"

---

1 Dt. etwa: „Helmut, bitte melde dich. Wir haben doch das Paradies auf Erden gehabt. Der Abendbrottisch ist immer für dich gedeckt, und ich mache auch jeden Abend die Läbbaworschtbrodsubbe [nicht übersetzbar], die ich auf den Tod nicht ausstehen kann."

„Nein, nüschts."

„Wirklich nichts?"

„Nüschts."

Kein Wunder. Wenn ich Helmut wäre, würde ich auch nicht unbedingt ins Nüschts zurückkehren.

Hm.

WAS HAT DAS JETZT MIT DEM THEMA DES BUCHES ZU TUN?

Alles. Es bleibt einfach die große Lebensaufgabe, das Unerträgliche nicht immer mitzumachen, sondern auch mal auf den Putz zu hauen und sich zu wehren – aber eben das Unvermeidliche ein bisschen tolerant liebzuhaben. Es ist ja auch schwer auszuhalten, dass das Jetzt unser Leben ist. Jetzt. Zur Sekunde. Sie haben mein vollstes Mitgefühl. Und ich baue auf das Ihre. Ich, die ich gerade am Schreibtisch sitze und vor Betroffenheit wegzuschwemmen drohe. Egal, wo Sie sich gerade befinden: auf dem Klo, auf dem Sofa, im Bett, im Zug. Das Jetzt ist Ihr Leben! Erklären Sie es umgehend zu dem einzigen, das Sie gerade haben. Gehen Sie davon aus, dass sich zur Sekunde Vergangenheit und Zukunft in einem gigantomanischen Feuerwerk kreuzen. Bleiben Sie jetzt wach! Seien Sie zu Recht zuversichtlich. Nutzen Sie die frei gewordenen Energien dazu, die Erziehungsarbeit an Ihrem Mann zu vollenden.

DER BEGRENZTE MANN

Oft bläst uns Frauen bei dem noblen Versuch, den Mann zu einem sozialen Wesen zu erziehen, eiskalter, schneidend scharfer Gegenwind ins Gesicht. Allen voran Schwiegermütter unterstellen uns allzu oft niedere Beweggründe und kaltherziges Eigeninteresse. Welch ein geballter Unsinn! Sollten Sie Ihre selbstlose Erziehungsarbeit aufgrund dieser gedankenlosen Kritik sogar in Frage stellen, machen Sie sich umgehend bewusst, dass Sie im Interesse der Menschheit handeln. Unserer Welt wäre eine Menge erspart geblieben, wenn sich die letzten 500 Frauengenerationen ebenfalls dazu hätten durchringen können, die Männer in ihre Grenzen zu verweisen.

Erlauben Sie mir in diesem Zusammenhang folgende Frage: Warum sind Männer so oft in der Lage, ihre totale Unfähigkeit als Stärke zu verkaufen und sich damit selbstbewusst in die Schlacht zu werfen? Angela Merkel zum Beispiel, auf seiner mit Spannung erwarteten Rede auf dem Hessentag im Jahr 2004: „Vor lauter Globalisierung und Computerisierung dürfen die schönen Dinge des Lebens wie Kartoffeln oder Eintopf kochen nicht zu kurz kommen." Das hat der gesagt.

Ein Jahr später war der Kanzlerin. Ist das denn die Möglichkeit!

Oder ein Beispiel aus jüngster Vergangenheit: Sokrates! „Ich weiß, dass ich nichts weiß." Der bläst sich damit auf, dass der keinen Schimmer hat. Und das Schlimmste ist: Das klappt! Die Welt erstarrt vor dieser Jahrtausenderkenntnis!

„Ich weiß, dass ich nichts weiß." – Mit so einem Satz hätte eine Frau bestimmt nicht Karriere gemacht! Wissen Sie, was meine Putzfrau dazu sagt? „Keine Ahnung, aber 'ne Meinung!" Wie weise.

Oder Descartes: „Ich denke, also bin ich." Ich habe nicht Philosophie studiert. Das gebe ich ehrlich zu. Aber ich kann Ihnen beweisen, dass dieser Satz nicht stimmt. Wenn dieser Satz stimmte, dann wäre mein Mann doch gar nicht da. Der ist aber da. Ich höre das doch. Ich höre das nachts. Ich höre das beim Essen. Ich höre das, wenn der erkältet ist.

Wenn man mal ein bisschen genauer hinschaut, kochen die berühmten Männer doch sehr mit Wasser! Aristoteles zum Beispiel: „Wenn auf Erden die Liebe herrschte, wären alle Gesetze zu entbehren." Können Sie mir intellektuell noch folgen? Also ganz ehrlich: Für eine solche Erkenntnis muss ich doch nicht Philosophie studieren. Dafür brauche ich noch nicht mal eine Flasche Rotwein. Das sage ich Ihnen auch nach einem gepflegten Rooibusch Aggression.

Was wir Frauen alles auf die Reihe kriegten, wenn wir das richtige Zutrauen zu uns hätten! Wenn wir uns nicht immer von Männern ausbremsen ließen! Von Helmut Schmidt zum Beispiel: „Wer Visionen hat, sollte zum Arzt gehen." Also bitte! Was ist das denn für ein kleinkarierter Krämersatz! Welch eine verheerend spießige Doppelhaushälftenideologie verbirgt sich hinter diesem autoritären Sprachgehabe!

Fatalerweise genießen solche Männer gemeinhin sehr viel Achtung in unserem Land. Tot oder lebendig. Auf der Beliebtheitsskala sind sie ganz weit oben. Von denen wollen wir gemocht werden. Die finden wir sexy. Für die verbiegen wir uns, vergeuden unseren ureigensten Lebensentwurf. Das darf doch wohl nicht wahr sein! Für die verfärben wir unsere Haare, vergurken unsere Gesichtshaut, kratzen uns die Orangenschuppen vom Arsch. (Entschuldigen Sie bitte, dass ich mich so drastisch ausdrücken muss.) Das ist nicht gut. Das ist mittelgut. Das ist schon fast mittelschlecht bis sehr schlecht.

WAS TUN?

Sie werden mir nicht widersprechen, liebe Genossinnen und Genossinnen, wenn ich lauthals ausrufe: Hier muss gehandelt werden! Hier besteht Erziehungsbedarf! Und erfolgreich erziehen kann nur, wer sich seiner eigenen Stärke bewusst ist. „Selbstbewusstsein" heißt das Zauberwort. Es ist kein Geheimnis, dass genau die als attraktiv wahrgenommen werden, die attraktiv rumgucken. So Sie diese Kunst noch nicht beherrschen, üben Sie sie. Wer strähnige Haare hat, sollte nicht auch noch strähnig gucken. Das sehen Sie doch hoffentlich ein. Gucken Sie gelockt.

Geht doch.

EIN HAUCH VON SELBSTKRITIK

Auch mit gelocktem Blick greifen viele von uns in regelmäßigen Abständen und mit traumwandlerischer Sicherheit beziehungstechnisch in die Scheiße. Warum tun wir das? Warum fügen wir Frauen uns immer wieder missgelaunt in fremde Lebensentwürfe, und anstatt mal auf den Putz zu hauen und Verantwortung für unsere eigene Größe zu übernehmen, leiden wir still vor uns hin und gucken vorwurfsvoll rum? Bis es nicht mehr auszuhalten ist und wir platzen oder zornig mit dem Staubsauger gegen Stuhlbeine rammen. Das ist nicht attraktiv. Warum machen wir das? Warum tun wir Frauen uns so oft mit Männern zusammen, die wir im Grunde unseres Herzens gar nicht wirklich wollen? Wie kriegen wir Frauen es immer wieder hin, auch die skurrilste Begegnung zur Liebe zu erklären?

Und damit ist es ja nicht getan! Dann hat man erst einmal so einen Mann, den man eigentlich so ein bisschen mittel fand; dann stimmt natürlich vorne und hinten nichts; dann muss man erst mal wieder anfangen, den zu verändern; das klappt natürlich nicht, denn die haben das nicht gerne; dann werden die böse; dann hat man plötzlich einen Mann, der immer dicht macht.

Und ruckartig ist er attraktiv – schon allein, weil er das Zeug hat, einen unglücklich zu machen.

Aber dann ist man natürlich traurig darüber, weil man zwischenzeitlich ja vergessen hat, dass man ihn auch ein bisschen geht so fand; aber es fällt einem auch sehr schnell wieder ein; und schlagartig wird einem klar, wie schwierig es für ihn zu Anfang gewesen sein muss, als man immer so zickig war, weil ... weil man ihn einfach so ein bisschen doof fand. Und dann versucht man plötzlich zu verstehen, warum er jetzt so ist, wie er ist. Und wenn man erst mal anfängt zu verstehen – als Frau! – dann ist sowieso alles zu spät.

Dann versteht man, wenn er schweigt, oder wenn er weint (weinende Männer sind natürlich sowieso wahnsinnig sympathisch, die brauchen eigentlich sonst nichts mehr zu können); aber man versteht auch, wenn er geht, oder wenn er haut; irgendwann versteht man auch, wenn er betrügt; und dann versteht man alles. Alles! Außer sich selbst. Und das übernimmt dann die Krankenkasse.

DER UNTREUE MANN

„Untreue beginnt im Kopf."

Wahrscheinlich hat ein Mann diesen Satz geschrieben. Wo soll Untreue sonst anfangen? In der Niere? Im Dickdarm? In den Füßen? Das Problem besteht ja nicht darin, dass Untreue im Kopf beginnt. Das Problem besteht darin, dass sie nicht dort bleibt. Denn kaum ist der Gedanke gedacht, pirscht der untreue Mann los, als müsste er sieben Büffel gleichzeitig erlegen.

Auffallend ist hierbei die mathematische Lernbehinderung des Mannes; wie sonst ließe sich erklären, dass er ganz selbstverständlich davon ausgeht, dass ihm als 56-Jährigem eine 27-Jährige, als 73-Jährigem eine 35-Jährige zusteht! Wäre sein Augenlicht nicht wie bei uns allen altersbedingt längst getrübt, würde ihm sein Spiegelbild die Anhaltpunkte dafür liefern, dass er sich möglicherweise verrechnet hat: Geheimratsecken, Tränensäcke, welkes Fleisch in reichhaltigen Mengen. Dies alles sieht der untreue Mann nicht. Selbstverliebt lächelt er sich zu, legt sich sein Haar über die Glatze, klebt es mit Gel fest, kauft sich knackige T-Shirts, schafft sich Muckis auf den Arm und macht den Segelflugschein. Er vergisst, dass er sterblich ist.

So weit, so peinlich.

Nun ist es nicht einmal das Schlimmste, dass der Mann seine innere Leere zu füllen sucht, indem er sich an und in junge Dinger verschwendet. Schlimmer ist, dass er sich jemanden hält, den es zu betrügen gilt. (Dass ausgerechnet Sie es sind, die sich für dieses undankbare Amt zur Verfügung gestellt haben, ist zwar bedauerlich und gibt zu denken, ist aber in jedem Fall änderbar.) Das Allerschlimmste aber ist die nun folgende Schmierenkomödie: Die ewig gleichen Ausflüchte, die ewig gleichen Lügen. Als müssten sich alle untreuen Männer dieser Welt zwei Sätze teilen: „Schatz, die Sitzung dauert länger, ich kann noch nicht sagen, wann ich hier wegkomme". Oder: „Mein Chef hat mir eine Dienstreise aufgebrummt. Ich muss leider ...". Lächerlich. Und phantasielos obendrein. Bemerkenswert ist lediglich die Tatsache, wie der ansonsten stets überforderte Mann sein Doppelleben meistert. Wie er virtuos seine Lügen koordiniert, überzeugt davon, dass sein Dummchen von Frau nichts merkt.

SEIEN SIE JETZT KLUG!

Füllen Sie die Rolle des Dummchens mit Hingabe aus. Merken Sie nichts. Aber lassen Sie sich gut dafür bezahlen. Ein Geschmeide pro Fehltritt sollte drinliegen. Vielleicht auch ein hübscher Kleinwagen. Ihr Mann wird von seinem schlechten Gewissen gebeutelt sein und sich Ihre Diskretion etwas kosten lassen. Maximale Diskretion verspricht maximalen Gewinn. Sie sehen: Auch der untreue Mann hat Vorteile.

So.

Das war das satirische Statement, zu dem mich mein Lektor verpflichtet hat. Ist natürlich geballter Unsinn und dient lediglich der Verkaufsförderung dieses Buches. Meine ehrliche Meinung folgt auf dem Fuße: Der untreue Mann ist indiskutabel. Abschießen. Alleine diese Entschlusskraft wird Ihnen

Glanz und innere Größe verleihen und Sie zu einem äußerst anziehenden und begehrenswerten Wesen machen. Überlegen Sie sich also gut, für wen es sich lohnt, Tränen zu vergießen. Dicke, rotgeweinte Augen bringen weder den Mann zurück, noch werden Sie einen anderen damit für sich einnehmen. Also Schluss damit. Sie leben wirklich nur einmal. Da sollte es schon wahrhaftig und freudvoll sein. Und so alleine, wie Sie mit dem untreuen Mann waren, können Sie ohne ihn gar nicht sein. Sie verlieren also relativ wenig. Kloppen Sie die Schlechte-Gewissen-Geschmeide in die Tonne und legen Sie sich Würde um den Hals. Und jetzt ab auf die Piste!

VERLASSENE FRAUEN
(Der verlassenen Freundin oder sich selbst ins Ohr
zu schmettern)

Verlassene Frauen kriegen Tränensäcke
und sitzen auf den Sofas ihrer Freundinnen rum.
Sie können nix mehr essen, trinken Rotwein oder Bier,
rauchen stündlich eine Schachtel Zigaretten oder vier
und müssen reden. Und reden.
Müssen sitzen und dann rauchen und dann reden.

Warum hat er sie verlassen? Er hat gestern noch gesagt,
dass er sie liebt, mit ihr leben will und ihre Haare mag.
Doch die liegen nicht mehr, und das ist immer so,
wenn es ihr scheiße geht. Auch nachts muss sie jetzt öfter mal
                    aufs Klo.
Sie möchte reden. Und reden.
Möchte sitzen und dann rauchen und dann reden.

Na klar ist er ein Arsch, sonst hätte er sie nicht betrogen,
andrerseits hatte er Gründe, und er hat sie nicht belogen,
er ist innerlich zerrissen, weiß sie zu berichten,
und das hat er bewiesen in unzähligen Gedichten.
„Er ist doch kein Arsch!", melden sich bei ihr die Zweifel,
„denn er hatte eine schwere Kindheit in der Eifel." In der Eifel.
Eine Kindheit voller Zweifel in der Eifel.

Verlassene Frauen kriegen Tränensäcke
und sitzen die Sofas ihrer Freundinnen durch.
Sie haben keine Lust mehr in die Glotze zu stieren.
Geht die Freundin mal aufs Klo, müssen sie telefonieren.
Sie müssen reden. Mit ihm reden.
Müssen sitzen und dann rauchen und dann reden.

Verlassene Frauen, warum kapiert ihr nicht?
Flecken gehen nun mal nicht raus, indem man drüber spricht!
Mit dem Geld, das ihr Jahrzehnte in Schuhe investiert,
hättet ihr mal lieber ne Kalaschnikow finanziert.
Und wenn ihr klug wärt, hättet ihr euch einen Russen angelacht,
der im Zweifelsfall professionell die Arbeit für euch macht.

Schluss mit dem Geheule! Denn das lohnt sich nicht,
schon gar nicht für so'n Arsch wie er es war!
Her mit der Schminke und raus in die Nacht!
Der Morgen graut noch nicht, und schon ist ein Anderer da!

Das Leben ist zu kurz, um die Zeit zu verplempern
mit Tränen über einen doofen Mann.
Puder auf die Nase und Pumps an die Füße
Und dann lacht ihr euch 'nen richtig netten an!!!!!

(Und wenn der sich dann doch wieder als Arschloch entpuppt,
dann ruft ihr eure Freundin an – ist das klar?
Dann sitzt ihr wieder Tage und Nächte auf dem Sofa;
für was sind Freundinnen sonst da!)

DER TREUE MANN

Noch schlimmer aber als der untreue Mann kann der treue Mann sein. An dieser Stelle sei kritisch angemerkt, dass der liebe Gott sich beim Verteilen von Treue und Untreue offensichtlich geirrt hat: Leider sind immer genau die Männer treu, denen eine dezente Untreue zu einem Anflug von Sexappeal verhelfen würde. Der treue Mann ist da. Immer. So sehr er neben sich steht, steht er neben uns Frauen. Immer. Er verfolgt uns aufs Klo und steht in der Tür, wenn wir telefonieren. Er beschränkt seinen Sozialaustausch auf seine jeweilige Ehefrau und vernachlässigt alle anderen Freunde, die er sowieso nie hatte. Er findet uns schön. Immer. Egal, ob uns die Sonne die Haut verbrutzelt hat, egal, ob unsere Hosen hinterhältig eingelaufen sind, egal, ob wir bronchialerkrankt mit Zwiebelwickel und fettigen Haaren im Bett abhusten: Der treue Mann findet uns immer begehrenswert. Dies muss zu Spannungen führen.

Was tun? Schreien? Anbrüllen? Kritik üben? Versuchen Sie es nur. Es wird nichts bringen. Der treue Mann wird umgehend Verständnis für Ihre Verstimmungen haben. Er wird sich dafür entschuldigen, dass er Sie schön fand und auf die verständliche Frage: „Dann findest du mich also nicht schön?" mit: „Doch, natürlich finde ich dich schön" antworten. Oder: „Wenn es dir wirklich wichtig ist, finde ich dich hässlich."

Was für eine Gemeinheit! Was für eine hinterhältige Provokation! Man muss nicht Therapeut sein um zu bestätigen, dass sich hier eine gewaltige Schieflage entwickelt hat.

WIE KOMMT DER MANN AUS SEINER TREUEFALLE?

Gute Frage! Mein Vorschlag: Spiegeln Sie Ihren Mann. So genau wie möglich. Blicken Sie Ihren Mann bewundernd an. Verdrehen Sie die Augen vor Begeisterung, wenn er morgens unrasiert und grunzend aufwacht. Wenden Sie den Blick jetzt nicht ab. Halten Sie durch! Auch nachts. Schlafen Sie am besten gar nicht mehr. Starren Sie. Starren Sie ihn unablässig mit verliebten Kuhaugen an. Starren Sie ihn wach. Plappern Sie ihm unentwegt alles nach und laufen Sie ihm permanent hinterher. Ich kenne Paare, die zwei Tage lang hintereinander hergelaufen sind, in immer enger werdenden Kreisen um die Wohnzimmerlampe herum, und dabei 40.000 Mal denselben Satz wiederholt haben: „Selbstverständlich, mein Schatz. Ich liebe dich genau so, wie du bist."

Kurz, ehe sie zu einer amorphen Masse zu verschmelzen drohten, konnte der Mann sein Missverhalten erkennen und den alles entscheidenden, Ehe rettenden Satz sagen: „Ich glaube, ich gehe mal ein Bier trinken. Allein."

Wow! Welch eine Erkenntnis. Aber noch immer gilt es durchzuhalten. Machen Sie dem Mann seinen gewagten Ausflug so schmackhaft wie möglich. Kommen Sie um Gottes willen nicht auf die Idee, ihn zu begleiten – obwohl Sie gerade jetzt ein Bier dringend gebrauchen könnten. Nutzen Sie die Stunde des Alleinseins, um sich weiterhin äußerlich zu verunstalten. Lassen Sie sich gehen. Sorgen Sie dafür, dass Ihre Züge grimmig und unfreundlich wirken, Ihr Antlitz grausam. Sie mögen diese Aufforderung für übertrieben halten. Doch denken Sie beim Lesen dieser Zeilen immer daran, dass gerade der treue Mann ein besonders komplexer, schwieriger, nahezu therapieresistenter Fall ist. Halten Sie sich vor Augen, dass er diese Geradlinigkeit braucht. Sie retten damit Ihre Ehe.

WIE FRAU ADORNO ES SO GUT HINKRIEGT

Wie man es auch dreht und wendet: Männer weigern sich einfach zu verstehen, dass das Leben mit ihnen für uns Frauen leichter, erfüllter und schlicht und ergreifend auch schöner wäre, wenn sie beherzt alle guten Eigenschaften in sich vereinen würden: Sensibilität und Tatkraft, Sexappeal und Treue, Wohlstand und Reichtum, kombiniert mit nobler linker Gesinnung. Sie sollen eine anspruchsvolle berufliche Position innehaben, aber jederzeit zu einer spontanen Weltreise bereit sein. Warum nur ist das so schwer zu begreifen!

Hadern Sie an dieser Stelle nicht mit dem Schicksal; das macht Sie nur moppelig und grauhäutig.

Nehmen Sie Zettel und Stift, und legen Sie sich für alle Zeit folgende Sätze unters Kopfkissen:

1. Russen bekommt man preiswerter, als man denkt.
2. Glück und Zufriedenheit sind in diesem Leben ohne Traurigkeit nicht zu haben. Und Liebe nicht ohne Ambivalenz. Das ist so. Punkt.

Wie man es aber trotzdem ein bisschen nett miteinander haben kann, wie man miteinander wachsen, blühen und unverbittert wieder schrumpfen kann, das hat niemand so schön in Worte gefasst wie Adorno. Adorno hat nämlich einmal geschrieben:

„Geliebt wirst du einzig, wo du schwach dich zeigen darfst, ohne Stärke zu provozieren."

Theodor W. Adorno! Eine tolle Frau! Ist das nicht schön gesagt? Geliebt wirst du einzig, wo du schwach dich zeigen darfst, ohne Stärke zu provozieren. Adorno will damit sagen: Wenn ich traurig bin, muss mein Mann das aushalten, ohne schon wieder zu werten und Ratschläge zu geben, und er muss mich dabei trotzdem unentwegt liebhaben.

Ha!

Im Gegenzug heißt das für mich: Bleibt er mit dem Auto im Schnee stecken, beweise ich ihm meine Liebe, indem ich tapfer auf dem Beifahrersitz sitzen bleibe und nicht schiebe.

Ich bin begeistert. Theodor W. Adorno. Die Vorreiterin aller alleinerziehenden Ehefrauen! Und ich hoffe von Herzen, mit diesem Beispiel hinreichend bewiesen zu haben, dass dies kein Buch ist, das die Männer einfach sang- und klanglos zugrunde richten möchte. Ich quelle doch im Grunde über vor Liebe. Ich würde doch alles für meinen Mann tun. Alles! Außer schieben.

Und von dieser Liebe möchte ich Ihnen so gerne etwas mitgeben. Liebe ist doch das Einzige, was wächst, wenn wir es verschwenden! Es ist die einzige Chance, sich dumm und doof zu verschenken und dabei reich zu werden. Und zwar in alle Richtungen.

ZU GEFÜHLIG? WIE RECHT SIE HABEN!

Aber in den letzten Jahren sind in meiner Welt so viele traurige Dinge passiert. Dinge, von denen man denkt, die passieren immer nur den anderen. So viele Leute mussten gehen, die hatten noch gar keinen Bock zu gehen. Und immer muss erst so etwas passieren, bis man endlich mal aufhört, sich über die letzte nebensächliche Grütze zu streiten. Manchmal muss man eben einfach mal vor Güte strotzen. Da ist die Wahrheit dann doch wieder einfach – um nicht zu sagen: regelrecht unterkomplex. Und falls Sie nun das Gefühl haben, Sie hätten nicht gerade den Tollsten abgekriegt, rufe ich Ihnen zum dritten Mal in aller Entschiedenheit zu: Sie finden sowieso keinen anderen, denn die anderen sind alle genauso.

Wissenschaftler und kluge Frauen schließen inzwischen nicht mehr aus, dass es das Glück gar nicht gibt. Mit Sicherheit gibt es aber die Fähigkeit, glücklich zu sein. Es ist doch schön, dass Sie überhaupt einen gefunden haben! Was sagt ein französisches Sprichwort: Die Liebe bringt selbst einen Esel zum Tanzen. Baden Sie also umgehend in Ihrem begrenzten Glück!

Oder um es einmal deutlich in eindimensionaler Chansonettenkunst gesagt zu haben:

Es bringt uns einfach gar nichts, an unserem Recht zu kleben –
recht hat nur die Liebe und das Leben!

KOMM HER
(Nach jedem Streit zu singen)

Komm her.
Sei nah.

Zieh die Jacke aus und gieß den Tee in den Becher
und vergiss für eine Stunde deinen blöden Rechner.
Keine Angst, ich frage dich heute mal nix.
Geschlossen die Manege der weiblichen Tricks.
Du musst nicht durch brennende Reifen springen
und auch keine Liebeslieder singen.

Komm her.
Sei weich.

Komm, wir schauen in den Himmel, das ist doch keine Kunst,
die Wolken ziehen mit oder ohne uns,
die Zeit bleibt mit oder ohne uns stehen,
unser Leben ist doch bei Licht besehen
ein ziemlich bunter Garten.
Lass uns nicht immer auf einen anderen warten.

Komm her.
Sei bei mir.

Komm, wir träumen von früher,
als die Sehnsucht nacheinander unser Leben regiert,
die Zukunft weit, unsere Zimmer möbliert,

jeden Morgen unser Atem an den Scheiben unserer Welt
und die Gewissheit, dass man zueinander hält.

Komm her.
Sei da.

Die Nacht hat ihren roten Teppich für uns ausgerollt,
jetzt müssen wir gehen, ehe die Nacht sich trollt.
Jeder macht Fehler, verzeih mir meine,
ich verzeih dir auf der Stelle deine.

Wer der Welt nicht mal in Worten sagen kann,
was er sich von ihr wünscht, der klage sie nicht an!

SCHLIMME EHEPAARE

ODER

DIE VORZÜGE VON BANKRÄUBERN

So könnte das jetzt immer weitergehen: Zoff – Versöhnung – Zoff – Versöhnung – immer hin und her. Wie im richtigen Leben. Warum auch nicht? Warum sollte mein Buch besser sein als Ihr Leben? Das wäre ja auch nicht wirklich schön für Sie! Im Übrigen finde ich es gut, wenn man sich überhaupt noch streitet. So empfehle ich Ihnen dringend, immer wieder unvermittelt einen Streit vom Zaun zu brechen. Erstens um zu sehen: Da geht noch was. Und zweitens um in den Genuss der Versöhnung zu kommen. Gut wirksame Streit-vom-Zaun-Brecher mit Erfolgsgarantie sind Sätze wie: „Du bist wie deine Mutter."

Ganz schrecklich finde ich nämlich diese Paare, die nicht mehr streiten, sich aber nach zwanzig Jahren Ehe immer ähnlicher sehen – obwohl sie sich eigentlich auf den Tod nicht mehr ausstehen können. Und dann fangen die nämlich diesen Trainingsanzug-, Partnerlook- und Tandemterror an. Und ganz schlimm finde ich, wenn die immer das Gleiche sagen. Wenn die gar keine eigene Meinung mehr haben. Du sagst was, und die nicken beide. Und zwar genau gleich. Schlimm ist das. Dieses beflissene, rechthaberische Kopfgewackel. Schon bevor die angefangen haben zu reden, tun die mit diesem Genicke und diesem Gewackel kund, dass das, was sie gleich sagen werden, richtig sein wird. Und pflichten sich immer gegenseitig bei. Aber das Allerschlimmste: Das machen die aber nur vor anderen. Zu Hause nicken die gar nicht. Da reden die nämlich gar nicht mehr miteinander. Da grunzen die sich, wenn überhaupt, nur noch an. Aber dann Weihnachten Rundbriefe verschicken! Mit den großen Erfolgsmeldungen! Das sind nämlich genau diese Rundbriefterroristen! Das sind ja genau die, wo die Kinder immer schon durchgeschlafen haben und wo in der Schule immer alles tipptopp läuft. Das ist doch nicht sympathisch! Das ist doch ekelhaft! Und wenn du mal was Schönes von dir erzählst, dann sagen die immer nur: „Ach." Oder: „Echt?" Oder: „Das brauchst du mir nicht zu sagen. Das kenn ich." Gruselig ist das! Genau so sind die. Und vor allem: Immer gleich. Exakt gleich. Immer gleicher Meinung. Weil die gar keine Meinung haben. Du kannst dich unterhalten, du kannst es auch lassen. Und wie die dabei immer gucken! Die sind wie so ein Heer von unfreiwilligen Angela-Merkel-Parodisten. Und dann sagen die immer so schreckliche Worte. „Völlegefühl" zum Beispiel. Wer will das denn bitte hören? Man kann so gut von dieser Welt scheiden, ohne jemals „Völlegefühl" gesagt zu haben. Aber das geht einfach nicht in deren Kopf. Schlimm ist das. Oder „Besitzstandswahrung". Warum muss man seinen Mund für Worte wie „Besitzstandswahrung" bemühen? Was für ein vergebliches, unpoetisches Unterfangen. Oder: „Spendierhosen", „ehrliche Haut", „Preis-Leistungs-Verhältnis". Blanker Terror ist das!

Und jetzt würde mich doch mal was interessieren! Mich würde interessieren, ob es juristisch möglich ist, auch als Außenstehender für fremde Paare die Scheidung einzureichen. Einfach, damit man das Elend nicht mehr sehen muss. Und auch aus Noblesse. Weil Ehepaare nach spätestens zwanzig Jahren völlig betriebsblind sind. Und der Hilfe bedürfen. Und das verstehe ich auch nicht: dass ein Land da nicht mal eingreift! Ein Land, in dem ansonsten alles behördlich geregelt ist. Ein Land, in dem es für jedes Gummibärchen eine Euronorm gibt. Dass es in diesem Land möglich ist, dass sich ein marodes Paar öffentlich im Partnerlook, namentlich in ockererbrochenen Trainingsanzügen mit fliederfarbenen Streifenapplikationen aufs Tandem schwingen darf, um die schönsten Landstriche der Republik endgültig zu entzaubern! Das verstehe ich einfach nicht! Dass es da nicht wenigstens einer Sondergenehmigung bedarf.

Und so würde ich denen gerne einmal etwas raten: Bankräuber beispielsweise, die machen sicherlich auch Fehler. Und sie machen sich mit ihrer Tätigkeit Feinde. Das sehe ich schon. Ich möchte auch nicht alles gutheißen, was sie tun. Aber sie verhüllen wenigstens ihr Gesicht! Außerdem: Sie tun was. Irgendwann haben sie ihr beschissenes Leben mal infrage gestellt und etwas Neues angefangen. Die stehen nicht jeden Morgen auf mit übelgelaunter Hackfresse: „Menno, schon wieder arbeiten!" Nein, da klingelt der Wecker! „Was wollte ich heute denn noch mal machen? Ach richtig: Banküberfall! Hab ich heute schon meine Pistole geputzt?" Die stehen nicht jeden Morgen vor dem Kleiderschrank: „Ich weiß nicht, was ich anziehen soll ..." Nein: „Neue Strumpfmaske! Sonderangebot, blickdicht. Von KiK. Macht 'ne schlanke Nase. Gut, juckt bißchen ..." Aber trotzdem: Da ist Frische! Da ist Vorfreude! Da sind Pläne! Und diese Pläne erzählen sie ihrem Leben auch!

Es ist nämlich sinnvoll, wenn das Leben von den Plänen erfährt, die man hat. Nicht, dass man immer Großes vorhat, aber das Leben weiß gar nichts davon. Und dann steht man da Tag für Tag und wartet, dass irgendetwas passiert – aber das Leben geht immer nur weiter. Oder man läuft atemlos den Berg hoch, und das Leben hat sich längst hinterhältig zurückfallen lassen. Dann steht man mit Kniearthrose auf dem Gipfel und weiß nicht mehr, wie man wieder runterkommt. Das ist nicht gut. Da muss man dem Leben mal zeigen, wer der Herr im Hause ist. Da muss man das Leben mal kurz wegsperren und selber ausbüchsen. Besser als andersrum. Versuchen Sie es mal. Machen Sie doch demnächst was ganz Verrücktes. Nix zum Beispiel. Carpe diem – Vergeude den Tag!

Bleiben Sie morgen früh einfach mal im Bett liegen. Kuscheln Sie. Lassen Sie die Arbeit sausen. „Ja", werden Sie sagen, „wenn alle das täten!" Wenn alle das täten! Auf dieses blöde Argument hat Georg Kreisler schon vor zig Jahren die Antwort gefunden: „Wenn alle das täten, dann hätten halt alle einen herrlichen Vormittag." Außerdem tun es nicht alle. Es gibt sowieso wieder irgendeinen Heini, der sich für so unendlich unersetzbar hält, dass er antanzen wird und Ihre Arbeit für Sie mit übernimmt. Sie können also getrost liegenbleiben. Am Ende zahlt es sich aus. Oder glauben Sie im Ernst, dass Sie Ihren letzten Atemzug tun werden und denken: „Ach hätte ich doch damals mehr gearbeitet! Hätte ich doch weniger Freizeit gehabt! Hätte ich mir doch mehr Sorgen gemacht! Hätte ich doch mehr an meinem Mann rumgemäkelt, dann hätte ich den vielleicht doch noch verändert gekriegt! Hätte ich doch im Spätsommer 1983 auf den leckeren Nachtisch

verzichtet, den kalorienreichen! Dann würde ich womöglich schlanker sterben!" NEIN!

Auf die Mütze! Man lebt nur einmal. Da sollte es schon das eigene Leben sein. Fangen Sie direkt an. Legen Sie jetzt das Buch weg und fangen Sie an, ihre Beziehungsverhältnisse zu klären. Wenn Sie Ihren Lebensmenschen längst gefunden haben, wenn das mal als große Liebe angefangen hat, aber seit Jahren zicken Sie immer nur noch rum und keifen sich an: Lassen Sie das! Küssen Sie sich ordentlich durch – und gut ist. Wenn Ihr Mann oder Ihre Frau aber die totale Katastrophe ist und Sie wirklich schon alles versucht haben, und eigentlich haben Sie sich noch nie geliebt: Dann treffen Sie jetzt verdammt noch mal jetzt eine Entscheidung! Dann können Sie ihn oder sie auch entsorgen. Vielleicht geht der oder die ja wieder in Umlauf und wird glücklicher. Wenn Sie aber alleine sind und lieber zu zweit wären, dann sprechen Sie jetzt jemanden an! Was kann denn schon passieren? Da kann doch höchstens jemand nein sagen und denken: „Das war aber ganz schön mutig!"

Denken sie darüber nach! Machen sie irgendwas – was Sie schon immer wollten, was Sie sich nie getraut haben, geben Sie sich einen Ruck, machen Sie eine Reise, fahren Sie in die Nacht ...

NACHTZUG NACH PARIS
(Unverzüglich in die Tat umzusetzen)

Nehmen Sie doch, nehmen sie doch,
nehmen Sie den Nachtzug nach Paris.
Tun Sie so, als wären sie frisch verliebt.
Mit ein bisschen Phantasie schaffen sie dies.

Streunen Sie durch, streunen Sie durch,
streunen Sie durch die Pariser Nacht.
Gucken Sie mal frankophil aus der Wäsche;
Sie glauben nicht, was das mit Ihren Schrankgesichtern macht!

Machen Sie doch einfach mal einen Tag
nur noch das, was Ihnen gefällt!
Keiner wird's Ihnen danken, wenn Sie immer nur schuften.
Und am Ende zählt bestimmt was anderes als Geld.

Und so Sie welches haben, hauen Sie's auf die Kacke;
schmeißen Sie's doch mal zum Fenster raus.
Hören Sie endlich auf mit Ihrer Bausparmacke,
leben Sie doch lieber mal in Saus und Braus.

Gehen Sie nicht immer auf diese Scheiß-Nummer-Sicher;
es gibt keine Sicherheit!
Und sollte die Welt eines Tages versinken,
dann versinken Sie doch lieber bekifft und breit.

Und so Sie sauer sind, lassen Sie es raus,
fressen Sie nicht alles in sich rein.
Fressen Sie nur, wenn es lecker schmeckt,
Und vergessen Sie nicht, Ihren Chef anzuschreien.

Worauf warten Sie noch? Legen sie los!
Fangen Sie wieder heimlich an zu rauchen!
Schaffen Sie sich schnell fünf Kilo auf die Waage.
Der Tag wird kommen, da werden Sie die brauchen.

Und so Sie einen heimlichen Wunsch in sich tragen,
Lassen Sie ihn heute Nacht noch raus.
Vergessen Sie nicht: Die Uhr tickt leise
Und irgendwann ist das Leben

.... Aufschub ....

Spüren Sie noch eine Wunde in sich,
die Ihnen jemand miese zugefügt:
Schnell hinfahren, klingeln, Tür auf, paar in die Fresse!
Dann haben ihre Tränen einen späten Sinn gekriegt.

Und so sie danach ihr Gewissen plagt,
machen sie sich nichts daraus.
Die Vergangenheit können Sie nicht ändern,
und unausgeschlafen sehen sie scheiße aus.

Und so Sie Ihr sauer verdientes Geld
in lustigen Büchern angelegt
und unruhig auf Ihrem Hintern rutschen,
weil die Autorin ernste Gedanken pflegt,
nehmen Sie ihn, nehmen Sie ihn doch,
nehmen Sie den Nachtzug nach Paris ...

Legen Sie jetzt das Buch zur Seite. Beginnen Sie sofort mit der Verwirklichung Ihrer Träume. Zögern Sie nicht!

DAS ALLERALLERALLERALLERALLER-WICHTIGSTE IN KÜRZE

Glückliche Paare bestehen aus zwei (zumindest im Großen und Ganzen) glücklichen Menschen.

Folglich bestehen unglückliche Paare in der Regel aus zwei unglücklichen Menschen, bzw. aus einem glücklichen und einem unglücklichen.

Streben sie in jedem Fall an, der Glückliche zu sein.

SATIRE

ISBN 978-3-8303-3342-5

ISBN 978-3-8303-3339-5

ISBN 978-3-8303-3332-6

ISBN 978-3-8303-3349-4

VIEL SPASS AUCH AUF UNSERER facebook SEITE

FOTOS UND QUELLEN

© Titelfoto: Frank Struck

© Foto S. 58: Privat

Seite 64: vgl. Heiner Müller, „Zur Lage der Nation". Heiner Müller im Gespräch mit Frank M. Raddatz, Berlin [Rotbuch] 1990, S. 58

Seite 68: Gedicht von Heinz Erhardt, „Besinnliches mit Sinn und Unsinn", Oldenburg [Lappan] 2009, S. 67

Seite 81: Zitat aus dem Lied „Wer wird denn weinen" von Hugo de Hirsch (Musik) und Arthur Rebner (Text) [Sikorski]

Seite 113: Zitat aus Theodor W. Adorno, Minima Moralia. Reflexionen aus dem beschädigten Leben, Frankfurt/M. [Suhrkamp] 1964, S. 255

Seite 120: Zitat aus dem Lied „Wenn alle das täten" von Georg Kreisler (Text und Musik) [nicht verlegt]

Das für dieses Buch verwendete Papier aus geprüfter nachhaltiger Forstwirtschaft lieferte Salzer Papier, St. Pölten.

© Lappan Verlag GmbH, Oldenburg 2014

ISBN 978-3-8303-3355-5

Lektorat: Nicola Heinrichs
Herstellung | Gestaltung: Monika Swirski

Druck und Bindung: CPI Moravia
Printed in Europe

www.lappan.de

DIESES BUCH GIBT ES AUCH ALS